離職防止に向けた働き方改革の実践ガイド

ビジネスコンサルタント 中倉 誠二 著

労働新聞社

はじめに

　私はビジネスコンサルタントとして、これまで多くの中堅・中小企業から経営相談を受けてきました。以前は「売上を増やしたい」「新事業を立ち上げたい」「ＩＴ化を進めたい」という相談が多かったのですが、最近では人に関する相談が圧倒的に多くなっています。企業の経営資源は「人、物、金、情報」とよく言われますが、その「人」に関することです。具体的には、「人材募集を出しても人が集まらない」「せっかく入っても２、３年で辞めてしまう」「若手が少なくて高齢化が進んでいる」などです。

　まず採用面では、以前なら求人票の書き方を工夫することで効果が出ましたが、今ではそのような小手先の工夫では効き目がありません。学生たちにとっていかに魅力のある会社や職場にするか、そしてそれをいかに社外へアピールできるかがポイントになります。逆にネット上で「ブラック企業」という烙印を押されてしまうと、人材を募集しても全く人が集まりません。また、せっかく入社しても２、３年で転職されてしまうと、採用から育成までコストをかけた企業にとっては大きな損失になります。「最近の若者は我慢が足りない。石の上にも３年だ！」と言う諸先輩方もいらっしゃいますが、そんなことを言っていても事態は何も改善しません。

　そのような状況の中、いわゆる働き方改革関連法が2018年に成立し、2019年4月から順次施行されました。このころから社会のあらゆる場面で働き方改革が叫ばれてきましたので、皆さんも**「働き方改革」**という言葉は耳にタコができるほど聞いていることでしょう。それほど聞き飽きていながら、この言葉にどこかモヤモヤ感を抱いていませんか？　それは、働き方改革が本当に進んで

いる一部の企業を除いて、多くの人が漠然としたイメージしか持っていないからです。しかも人によって、残業を減らすこと、休みを増やすこと、いろいろな制度を充実させること、女性が働きやすくすることなど、そのイメージはバラバラです。さらには、働き方改革なんかしてゆるい環境にしたら業績が悪化して会社が立ち行かなくなるよ、と大きな誤解をしている経営者もいます。

　たしかに、働き方改革関連法の内容が多岐に渡っているので、ある意味では仕方がないかもしれません。しかし法律まで作って国を挙げて推進している、働き方改革のそもそもの目的は何でしょうか。それは立場によって異なっており、そのことが皆さんのモヤモヤ感を生み出している原因の1つかもしれません。政府や国としては、働き方改革の一番の目的は今後も進む少子化による労働力不足への対策です。誰もが働きやすい環境を作って就業人口を増やし、一方で生産性を上げるために業務効率化を進めようとしています。その二面作戦により労働力と生産性を確保することで、日本経済を成長させようと考えているのです。

　では企業経営者にとって、働き方改革の目的は何でしょうか。経営者の方は常に自社の業績を維持・拡大させることを考えています。そのための昨今の一番の課題は、やはり少子化が進む中での**人材確保**ではないでしょうか。なるべく優秀な若手人材を採用して育成し、その社員が継続して働き成長することで、会社の業績に貢献してもらうことではないでしょうか。私はそれが企業の働き方改革の一番の目的だと考えていますが、それを誤解してとりあえず法令遵守することだけを意識すると、誤った働き方改革に陥ります。全社的に残業時間を削減するように指示したり、有給休暇を5日以上取るように指示したりすることが働き方改革ではありません。もちろんそういうことも有効ですが、それだけで終わってしまうと典型的な働き方改革の失敗例になってしまいま

す。あなたの会社は大丈夫でしょうか？

　企業にとって本当の働き方改革とは何をすることで、どのように進めたらいいのでしょうか。本書は、働き方改革って具体的に何をしたらいいのか分からない、いろいろ勉強しているけど実際にどう進めたらいいのか分からない、そういう経営者および人事責任者、管理職の皆さんのために書いています。働き方改革は経営にとって何のメリットもないと誤解されている経営者の方には、特に読んでいただきたいと願っています。また実務担当者の方にとっても、働き方改革の進め方や改善提案のヒントとなる内容になっています。

　本書の全体構成としては、まず第1章でこの30年間の働き方やマネジメントの大きな変化について書いています。この間の大きな社会変化に伴って、若者の意識や価値観は大きく変わっています。多くの上司が若手社員との意識ギャップに悩んでいますが、いつの時代でも上司は「今どきの若者は‥‥」などと嘆いていて、一昔前からそれは変わっていません。しかしこの30年間は、インターネットが出現して普及し、新しいデジタル技術が次々に生まれ、それまでとは比較にならないほど社会変化のスピードが速くなっています。そういう時代を生きてきた若者を理解するために、特に40代以上の経営者や管理職の方にぜひ読んでいただきたい章です。

　第2章では、働き方改革の全体像やメリットを説明した後に、働き方改革を進めるための重要な要素である意識改革について書いています。意識改革は業務効率化を進める上で必要な前提条件になります。この章も第1章と同じく、若手社員との大きな意識ギャップを感じている上司の方は必読です。

　そして第3章と第4章では、業務改善について書いています。第3章では、業務改善の進め方や考える切り口などを紹介しています。そして第4章では、ほとんどのホワイトカラーの職場に共通する「4

大時間泥棒」を退治するための業務改善について書いています。私自身、サラリーマン時代に双子の父親として、どうすれば仕事をしっかりと終えながら早く帰ることができるか、そのために何を変えるべきか、職場でさまざまな提案を行い、職場全体の業務効率化を進めました。そのような私自身の経験談に加えて、働き方改革アドバイザーとして関わった企業の事例も交えながら、具体的に分かりやすくお伝えします。ぜひ参考にしながら、職場で実践してみてください。

　最後の第5章では、最近話題になっている男性育休について書いています。2021年に育児・介護休業法が改正され、2022年度から順次施行されています。この法律では男性の育児休業取得が促進されていますが、企業によってはまだ戸惑っている状態ではないでしょうか。男性育休についても単に法令遵守というだけではなく、企業側にもメリットがありますので、今後の対応の参考にしてください。

　本書の中で一部内容が重複している部分もありますが、それは特に重要なことだと思ってお読みください。また、日頃の職場の状況やマネジメントの仕方を振り返りながら本書を読み進めていくことで、若手社員の離職防止に関する具体的なヒントが必ず見つかると確信しています。

　なお本書では、働き方改革関連法や改正育児・介護休業法、各種労働法などの法令についての詳しい解説はしていません。法令遵守の観点から就業規則の改正や社内規程の変更などについて知りたい場合は、厚生労働省の各窓口や社会保険労務士などに相談されることをお勧めします。

目　次

第1章

30年間の時代の大変化

男女雇用機会均等法が施行されてから、すでに35年以上が経っています。振り返ってみると、この間に日本企業での働き方は大きく変わりました。一般的な家庭の形がサラリーマン（夫）と専業主婦の家庭から、共働き家庭が当たり前の時代に変わりました。男女の役割分担意識も徐々に変わってきて、今の若い世代では男も家事・育児をするのが当たり前と考える人が多くなりました。

　しかし、昭和世代（主に昭和時代に社会人になった世代とします）である職場の上司たちは、30年以上前の意識のまま変わっていない人が多く、若手社員との間で大きな意識ギャップが生じています。その昭和世代に限らず、経営者や管理職の方は部下との人間関係を円滑にするために、この時代の大きな変化をしっかりとご理解いただくことが大切です。この章では、働き方に関係する日本社会の大きな変化について解説し、最後にこれからの上司として目指すべき姿である「イクボス」についてご説明します。

 少子高齢化の進行

　日本の人口は2008年（平成20年）の約1億2808万人をピークに、その後は一貫して減少しています。人口は国力の1つとも言われ、人口減少が続いていくと国の経済規模が縮小していきます。その大きな要因が少子化であるため、政府や国は少子化対策に力を入れています。少子化について見ていくと、日本

の年間出生者数はベビーブーム期の1949年に約269万人と第一のピークを記録しました。いわゆる「団塊の世代」です。その世代が出産期を迎えた1973年には第二のピークを迎え、「団塊ジュニア世代」と呼ばれています。しかしその後、出生者数は減少傾向が続いています。

一方で、総人口に占める65歳以上の高齢者の割合は1950年以降一貫して上昇が続き、1985年に10％、2005年に20％を超え、2022年は29.1％になりました。国立社会保障・人口問題研究所によると、この割合は今後も上昇を続け、2040年には35.3％になると推計しています。直近の話では、2025年に団塊の世代と呼ばれる約800万人全員が75歳以上の後期高齢者となり、要介護者が急増する可能性が高いと言われています。いわゆる「2025年問題」です。

【2025年の人口ピラミッド】

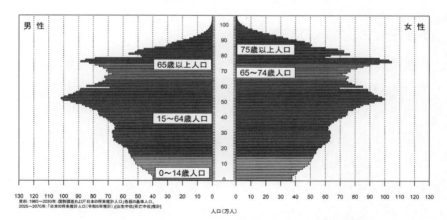

資料：1965〜2020年：国勢調査および「日本の将来推計人口」各版の基準人口、
2025〜2070年：「日本の将来推計人口（令和5年推計）」(出生中位(死亡中位)推計)

人口(万人)

（出所：国立社会保障・人口問題研究所ホームページ）

このような少子高齢化の進行は、今後も社会経済面にさまざまな影響を及ぼしていきますが、その中で企業として確保したい人材については、どのような状況でしょうか。一般に15歳〜64歳の人口を「生産年齢人口」と呼びます。その人口は近年減少を続けており、2000年には約8,600万人だったのが2019年には約7,500万人と、20年間で1,000万人以上減少しています。それなのに実は就業者数は減少せず、むしろ増加しています。それは、女性や65歳以上の高齢者の就業率が上昇しているからです。一言でいうと、働き盛りの男性が年々減少している中で専業主婦や高齢者が仕事に就くことで、働く人材を維持しているということです。実際には日本で働く外国人労働者も年々増加しており、それも人材確保に寄与しています。昨今、国を挙げて働き方改革を推し進めているのは、まさに女性や高齢者、外国人も含めて誰もが働きやすい環境を作り、これからも就業者数を増やしていこうと考えているからです。

▶少子化の企業への影響

　さて、あなたの会社ではこのような状況を十分に理解した上で、人材採用活動を行っているでしょうか。最近、企業経営者の方とお話をすると、皆さんが異口同音に「なかなか若い人が採用できないんだけど、ほかの会社ではどうやってるんですかね？」と尋ねられます。そういうときに、私はこう答えています。「ほかの会社の皆さんも、全く同じことをおっしゃっていますよ。そもそも今の20代の若者は団塊世代の半分しか人数がいないんですから、なかなか採用できないのは当たり前です。

他社とどう差別化してそれを若者にどうアピールするか、それを考えなければいけません」

　あらためて 13 ページのグラフをご覧ください。これは、2025 年における日本の年齢別人口構成のグラフです。現在よりも少し先の時点ですが、人口予測ほど当たる予測はないと言われています。戦争や大災害など特別なことが起こらない限り、人口構成グラフは毎年 1 歳ずつ上に上がっていき、一番下に生まれた人口が加わるだけなので当然ですね。大事なことは、いわゆる団塊の世代と呼ばれる 70 代の人口と、20 代の人口を比較してみてください。ざっくり言うと、**今の 20 代の若者は団塊世代の人口の半分しかいない**ということです。

　日本の高度経済成長期を支えてきた団塊世代が現役のころは、世の中に働きたい人が十分にいました。日本経済が右肩上がりの時代に、企業が成長して組織が大きくなっても、欲しいだけの人材を確保することができました。勤務先に不満があって離職する人が出たときには、苦労することなく新たに人を採用すればよかったのです。当時は企業によっては離職率など気にすることなく、大量採用して厳しい環境の中で残った優秀な人材だけを使えばいいと考える企業もありました。そのころは右肩上がりの良き時代、当時の記憶がいつまでも頭に残っていて、「なんで良い人材が採れないんだ！」と怒っている経営者や幹部はいないでしょうか。企業が生き残るには、経営者が事業環境の変化を鋭く感じ取り、時代に合わせて考え方を柔軟に変化させていくことが必要です。

　もう 1 つお伝えしたいことは、昔よりも**若者の転職がしやす**

くなっているということです。皆さんも感じていると思いますが、若い世代の人口が少ないために業界を問わずどこの企業でも人手不足で、特に若い人材を欲しがっています。企業側の需要に対して人材の供給が少ないため若手人材は引っ張りだこ状態で、以前に比べて転職のハードルが低くなっているのは間違いありません。さらに、インターネットの普及によって企業に関する口コミなどの情報が簡単に収集でき、企業同士を簡単に比較することができるようになりました。今ではインターネットを活用した求人情報サイトが多数ありますし、最近では転職希望者と求人企業を直接マッチングするサイトも登場しています。

　このような世の中の状況を十分に理解した上で、企業としては新規採用、定着、育成、そして離職防止のための施策を考えなければなりません。多くの企業経営者から「せっかく採用できたと思ったら、２、３年で辞める社員がいて困っている」という声をよく聞きます。採用した社員が数年で離職してしまうことは、企業にとっても本人にとってももったいないことです。企業にとっては、採用・育成にかけたコストを試算すると、離職１人で数百万円の損失だと言われています。にも関わらず、経営者の中には働き方改革にあまり関心のない人もいて、そういう場合には「もう少し危機感を持って働き方改革に取り組まないと、人材不足で数年後には会社が立ち行かなくなりますよ」と忠告しています。

ボーナス期とオーナス期

　ハーバード大学のデービッド・ブルーム教授が提唱した「人口ボーナス期」と「人口オーナス期」という考え方をご存じでしょうか。各国を人口構造の面から分析したもので、どの国もその経済発展によって人口ボーナス期から人口オーナス期へ移っていくという考え方です。ボーナスは賞与や贈り物という意味で、オーナスは重荷や負担という意味の英単語です。そして、人口ボーナス期が一度終わってオーナス期に移った国には、二度と人口ボーナス期が訪れることはありません。

　人口ボーナス期とは、従属人口（14歳以下と65歳以上を合わせた人口）に対して生産年齢人口（15歳～64歳の人口）の比率が非常に高い状態を指します。分かりやすく言うと、現役で働く人口が非常に多く、年少者や高齢者が少ない社会です。そういう国の多くは経済成長の途上で、安くて豊富な労働力を武器に大量生産で早く安くモノを作り、世界中に販路を広げて成長していきます。また従属人口が少ないため、国としての社会保障費などの負担が少なくて済み、予算を経済政策に重点投入できるので、高い経済成長が実現できます。

　日本の場合は、1950年代後半から約20年間続いた高度経済成長期がそれにあたります。その後1990年代の初めにバブルが崩壊するまで、日本は人口ボーナス期でした。私自身も1980年代に社会人になりましたので、当時のことをよく覚えています。日本の人口は毎年増加し、会社の売上は毎年二桁成長、毎

年新入社員が何百名も入ってきて組織も大きくなり、何もかもが文字通り右肩上がりの時代でした。当時は営業部門で働いていましたが、大企業で売上目標が前年対比120％とか、今では信じられないような数字を設定して、それを毎期達成していました。仕事は次から次に出てきて、やればやるだけ実績になったので、大変とか辛いとか思うこともなくほぼ全員が毎日朝8時半から夜の20時、21時まで働いていました。それでも不思議なことに、全員の気持ちが前向きだったせいか、メンタル疾患になったり離職する人はほとんどいませんでした。

　一方、**人口オーナス期**は、生産年齢人口に対して従属人口の比率が高くなっている状態です。経済発展が進むと生活環境が改善し、医療も充実して高齢者が増加します。また、豊かになった国民が子どもの教育に投資し高学歴化が進むことで徐々に晩婚化、少子化が進み、次世代の働き手が減少していきます（もちろん少子化の原因はこれだけではありません）。そうすると、日本の年金制度の説明でよく言われるように、働く世代に対する支えられる世代の割合が次第に増えていき、社会保障費の負担が現役世代にとって重荷となっていきます。まさに今の日本が典型的な状況で、それは今後も続きます。

　人口構造を分析すると、日本は1990年代にすでに人口オーナス期に入っていました。ところが、それに気付かずに人口ボーナス期と同じ考え方、やり方で約30年間、みんなが一生懸命に働いてきました。当然もう右肩上がりの時代ではないので、頑張って働く割にはなかなか成果が出ず、多くの人がモヤモヤした気持ちになっていました。**「失われた30年」**などと言われ

ますが、この間はみんなが昔のスタイルのまま頑張って働いて、結果的に空回りしていたと言えるのではないでしょうか。

▶成果を上げる働き方の変化

人口ボーナス期と人口オーナス期では、会社で成果を上げる働き方に大きな違いがあります。ここでは、それぞれ３点についてご説明します。

まず**人口ボーナス期**ですが、①なるべく男性が働く、②なるべく同じ条件の人を揃える、③なるべく長時間働く、これらが成果を上げる働き方です。日本の高度経済成長期を振り返ってみると、当時は石炭、セメント、鉄鋼、造船、金属などの重厚長大産業が中心でした。しかも今ほどＩＴ化が進んでいなかったため、労働者には筋力が求められました。したがって、なるべく男性が働く方が仕事の効率が良かったのです。

また、大量生産により同じ製品を早く安く作るためには、なるべく同じ条件の人を揃える方が仕事をやりやすかったのです。当時は働き方の違う人や変わった意見の人は全体の和を乱し、効率を下げると考えていました。海外の人からは日本のサラリーマンがみんな同じに見えて、「まるで金太郎あめだ」と揶揄されましたが、まさに均質性が高くてそういう状態だったのだと思います。

そして、なるべく長時間働くこと。右肩上がりの時代には、時間と成果がほぼ比例するため、とにかく長時間働くことが重要でした。当時は私もそれを実感していました。すでに時代は変わっていますが、当時の価値観を今でも引きずって、長時間

残業をしている人を高く評価する上司はいませんか。それは人口ボーナス期の考え方で、今の時代には間違った評価となります。

　一方、**人口オーナス期**では、①なるべく男女ともに働く、②なるべく違う条件の人を揃える、③なるべく短時間で働く、これらが成果を上げる働き方です。人口オーナス期に入ると、経済のソフト化・サービス化が進み、知的労働の比率が高くなります。そうすると男女を問わずにできる仕事が増えて、しかも少子化傾向が続くので、男女ともに働くことが必要になります。新卒男性だけにこだわっていると、必要な人材を確保することができません。

　また、なるべく違う条件の人を揃えることが成果につながります。顧客ニーズが多様化し、短期サイクルで多様な商品を開発しなければならない時代です。金太郎あめのような人材ばかりでは、多様な発想、斬新なアイデアは生まれません。最近は「ダイバーシティ」「Ｄ＆Ｉ」が重要だと言われますが、これは女性や高齢者、障害者、外国人を雇うことだけを意味しているわけではありません。多様な経歴や視点を持った人材を集めて議論することで社内にイノベーションを起こす、そのことがこれからの時代の企業には特に重要になるということです。

　そして、なるべく短時間で働くことが求められます。オーナス期の社会では、高学歴化や人材不足などの影響で、人件費が高くなります。長時間残業する働き方だと、残業代というコストがかかる割には高い成果が出ません。社員には、いかに効率よく生産性を高めて働くかが求められます。また、長時間労働

を前提としている職場では、家庭の事情などでそれに合わせられない社員は離職してしまいます。

　このように、人口ボーナス期と人口オーナス期では成果を上げる働き方が違うにも関わらず、日本では高度経済成長期の成功体験が強烈すぎたため、オーナス期に入っても従来の働き方から脱することができませんでした。欧米先進国もほとんどが1990年代にオーナス期に入りましたが、その変化に気付いてこの30年間に法律を変え、国民の意識を変え、労働者の働き方を変えてきました。その結果、日本だけが昭和の働き方を変えずにずっと働き続け、何かうまくいかないなと感じつつ**「失われた30年」**を過ごしてしまったのです。

 ## 共働き世帯の増加

　今の若い夫婦に共働きの人が多いことは、皆さんが理解されていることと思います。実際、共働き世帯はいつごろからどのくらい増えているのでしょうか。共働き世帯と専業主婦世帯の推移グラフをご覧ください。この30年余りの間に「夫は会社で働き、妻は家を守る」という専業主婦世帯は徐々に減少していき、夫婦ともに外で働く共働き世帯が大幅に増加してきました。

【共働き世帯と専業主婦世帯の推移】

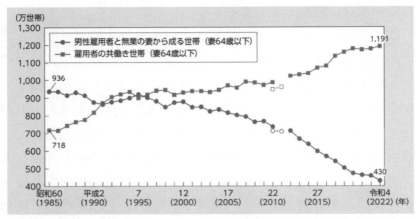

(万世帯)

- 男性雇用者と無業の妻から成る世帯（妻64歳以下）
- 雇用者の共働き世帯（妻64歳以下）

936
718
1,191
430

昭和60 (1985)　平成2 (1990)　7 (1995)　12 (2000)　17 (2005)　22 (2010)　27 (2015)　令和4 (2022)(年)

(出所：内閣府「令和5年版　男女共同参画白書」)

　この間の時代の大きな変化をご理解いただくために、少し昔話をさせてください。

　私が新人サラリーマンだった1980年代後半（昭和60年代）には、専業主婦世帯が一般的でした。女性社員は男性とは別枠で一般事務職として採用され、結婚が決まったら退職するのが当たり前でした。社内規則に明記されていなくても、結婚したら女性は会社を辞めて家庭を守るもの、という暗黙のルールがありました。結婚退職は**「寿退職」**と言われ、おめでたいこととして職場のみんなから祝福されました。

　女性社員は結婚が決まると上司に報告し、上司は「それでいつ辞めるの？」と確認します。また、普段から「女性は結婚が決まったらすぐに報告してください。後任を見つけるのには時間がかかりますから」とよく言っていました。今だったら完全なハラスメント発言ですが、当時の職場では当たり前に受け取

られていました。また、グラフにもあるように当時も共働き世帯の人はいましたが、女性のほとんどがパート社員でした。そして「共働きしています」と言うと、「それは大変だね、何か事情があるの？」とか「家庭のことは大丈夫なの？」と心配される状況でした。

▶男女雇用機会均等法以降

　1986年に**男女雇用機会均等法**が施行されましたが、実際の職場では社員の意識が急に変わることはなく、その後も女性が男性と同様に働き続けるには厳しい環境が続きました。私の働いていた職場でも、それまで女性は補助的な仕事を担当する一般事務職だけでしたが、初めて女性総合職が採用されて職場に配属されました。みんな困惑状態で、配属前には上司から呼ばれて「中倉君、今度男と同じ扱いの女が入ってくるんだけど、どんな仕事をやらせたらいいかな？」と相談されました。私もよく分からないので、「それを考えるのが管理職の仕事でしょう」と投げ返しました。

　当時はまだ、上司をはじめ職場のメンバーも女性総合職に対しては腫れ物に触れるような感じでした。そして、それまで一般事務職の女性社員がやっていた上司のお茶出しや机拭き、書類コピー、伝票入力などを総合職の女性も行うべきかどうかが議論になりました。ちなみに、当時の喫煙者は自席でタバコを吸っていて、その灰皿を掃除するのも女性の役割で、一番嫌われている仕事でした。2003年に健康増進法が施行されるまで、今ではあり得ない職場環境でした。職場内では、女性総合職社

員の仕事について特に女性の間で意見が対立し、人間関係がギクシャクしました。役割分担についてしばらく試行錯誤していましたが、上司の課長が決断して職場のお茶出し業務を廃止し、お茶やコピーは男女とも自分でやるというルールを決めて対立は収まりました。管理職自身がお茶入れやコピーを自分でやるようになったのは、そのころからだったと思います。これも今の若い世代にとってはあり得ない話でしょう。

　その後、女性が結婚しても働き続けることが一般的になっていきました。しかし、出産した後の育児と仕事との両立が難しく、多くの女性総合職が育休復帰後しばらくすると、やむを得ず退職してしまうという状況が続きました。夫の働き方がまだ昭和のままだったことと、上司が短時間勤務などに理解がなく評価されないことが主な原因でした。非常に仕事のできる優秀な女性が、育休復帰後にだんだん疲れた表情になっていき、ついには退職するのを見て、会社にとっても本人にとってもすごくもったいないことだと、私は残念で仕方ありませんでした。

▶育児休業法以降

　1991年には**育児休業法**が成立し、男女ともに子どもが1歳になるまで育児休業が取得できるようになりました。残念ながら、我が家に双子が生まれたのはその直前で、日本ではまだ男性育休という概念がなかったため、私は育休を取得していません。この育児休業法ができて人事部から社内通知が回ってきたとき、まだ男性の育休については誰も理解することができず、職場では「男が育休を取って何するの？　意味が分からないよね」

という会話が交わされていました。私は「そうだよねえ」と会話を合わせながら、心の中では「制度がもっと早くできていればなあ」と1人で悔しい思いをしていました。

　前出のグラフでもこのころに専業主婦世帯と共働き世帯の数が拮抗し、その後は共働き世帯が逆転してさらに増加しています。このグラフは国全体の数字ですが、共働き世帯といっても中高年夫婦の場合は妻がパート勤務という共働きがほとんどでしょう。前にも述べたように、一昔前の女性の働き方は、就職して結婚を機に寿退職し、しばらく育児に専念して、子育てが一段落したらパートで働きに出る、というのが一般的でした。この形だと、共働き世帯といっても経済的に生活を支える「一家の大黒柱」は夫なので、どうしても家庭では夫の仕事優先という意識を持ち続けることになります。

　それに比べて今の20〜30代の夫婦は、どちらも総合職として働いている、そういう共働き世帯が多くなっています。そうなると経済的な面で夫婦は対等な立場なので、お互いの仕事の優先順位も同等、したがって自然と**家庭での役割も分担する**という考え方になっていきます。もちろん、家庭内の分担はちょうど半分ずつというのが正解、というわけではありません。夫婦の状況によって、お互いに得意な分野を担当するとか、夫が専業主夫になるとか、それぞれの夫婦でよく話し合って決めたやり方が正解です。このように、共働き世帯といってもさまざまな形の夫婦がいます。上司としては若手の考え方を理解するために、若い部下と日頃から良好な人間関係を築いて、雑談の中で家庭の様子も自然と聞けるようになることが大切だと思い

ます。あるいは、結婚して共働きしている自分の子どもがいれば、その生活や役割分担について聞いてみるのも大変参考になります。

 # 4 時間制約社員の増加

　会社で働く上で、何らかの事情により時間的な制約のある社員を「**時間制約社員**」と呼んでいます。あなたの会社、職場に時間制約社員はいますか？　時間制約社員というと、どのような人を思い浮かべますか？

　時間的な制約と言えば、まず思い浮かぶのが**時短勤務**の人でしょう。現状では女性社員が多いのですが、ほとんどの人が保育園に子どもをお迎えに行かなければならず、その時間が決まっているため、例えば16時に退社しなければなりません。仕事が終わらなければ残業すればいいという選択肢はなく、いつも時間を気にしながら働いています。周りの人にはすごく大変そうに見えますが、いつも時間を意識しながら働くということが、実は個人レベルで生産性を上げるコツの1つなのです。時短勤務者は退社時間から逆算して、何を何時までに終わらせるか、毎日一日のスケジュールを立てて仕事に取り組んでいます。また、その日のうちに必ず完了するべき仕事とそうではない仕事など、優先順位も適切に決めて進めています。逆算思考のスケジュール決めと優先順位付けは効率的に働くために必要なことですが、あなたの毎日はどうでしょうか。

時短勤務ではありませんでしたが、私自身も双子の子どもが生まれてからは、少しでも早く帰らなければと考えて仕事をしていました。双子の子育ての大変さは経験者にしか実感できませんが、赤ちゃん2人を一緒に育てるのは、お母さん1人では無理です。当時の日本ではまだ男性育休制度がなかったため、サラリーマンだった私は毎日なるべく早く帰る必要がありました。独身時代には毎日夜の20時、21時まで働いていましたが、子どもが生まれてからは毎日定時退社を目標に、逆算思考のスケジュール決めと優先順位付けをして仕事を進めました。もちろん、急に上司に呼ばれたり飛び込み案件があったりで、なかなか定時には帰れません。それでも18時ぐらいには、残業中の同僚たちに「お先に失礼します！」と言って、帰路を急ぎました。職場の中では「え、もう帰るの？」と冷ややかな視線を感じましたが、そんなことを気にしている余裕はありませんでした。仕事をしっかりとやって早く帰るにはどうすればいいか、いろいろと効率化の工夫をしましたが、自分でできることには限界がありました。そこで、職場の中で気が付いた業務改善できそうなことは何でも提案し、職場全体の業務効率化を推し進めました。具体的な内容については、第3章、第4章でご紹介します。

▶広がる時間制約社員

　時間制約社員というのは、早く帰る必要のある人だけではありません。例えば、乳幼児期の子どもを保育園に預けて働いている共働き夫婦。子どもが熱を出して保育園から連絡が来ると、

すぐに帰らなければなりません。あるいは、朝出勤の準備をしているときに子どもの体調が悪いと、急に会社を休まなければなりません。こういう場合も、自分の意思ではない要因で働く時間を制約される、時間制約社員です。このように書くと、これは女性社員の話だと思って読んでいませんか？

実は、最近ではこういう**男性の時間制約社員**が増えているのです。前述の通り、2人とも総合職として働いている夫婦が増えています。その場合、突発的な事態に対してなぜ女性だけが対応しなければいけないのでしょうか。今の若い夫婦の場合は、その都度お互いの事情を話し合って可能な方が対応します。その結果、男性社員が子どもの具合が悪いので休む、ということが以前よりも増えています。それに対して、「奥さんはどうしたんだ」「なぜお前が休むんだ」などという上司の発言は明らかなパワハラ、パタハラになります。そういう発言が法令違反になることはもちろんですが、そのような対応が続くと若手男性社員は「こんな上司のもとでは幸せな生活が送れない」と考えます。そして上司の気が付かないうちに、転職を考え始めます。

時間制約社員は、子育てによるものだけではありません。**要介護者を抱える夫婦**にも、これと同じことが当てはまります。もし介護施設を利用していても、急に体調を崩して病院に行く必要があると、施設から急に呼び出しが来ます。また、ケアマネージャーとの打ち合わせも基本的に平日なので、有給休暇を取らなければなりません。しかも、介護は子育てよりも大変だと言われています。それは、介護対応の長期的な計画が立てら

れないからです。子育てであれば、妻の妊娠が分かれば出産予定日が分かります。また生まれた後も、あと何年経てば何歳か計算できますし、小学生になる年も分かります。介護の場合は、まだ大丈夫だと思っていると、突然介護が必要になることがあります。さらに介護が始まっても、それが何年続くかは誰にも分かりません。半年かもしれないし、10年かもしれないし、その点で精神的にも辛い状況が続きます。そのため、介護と仕事の両立ができずに離職する人は毎年10万人程度出ていて、働いていた企業にとっては大きな痛手になっています。

　2025年には人口のボリューム層である団塊の世代が75歳以上の後期高齢者となり、要介護者が急増する可能性が高く、**「2025年問題」**と呼ばれています。今から数年後には、介護による時間制約社員が社内で急増するかもしれません。しかも、年齢的にベテラン社員や管理職が当事者になりますので、介護と仕事の両立ができずに退職されると、会社としては大きなダメージになります。そのため、今後は柔軟な対応で働き続けられる職場をいかに作るかが、企業の大きな課題となります。

▶プライベートが大事な若手社員

　時間制約社員の要因として子育てと介護について書いてきましたが、これだけではありません。特に今の20代、30代の若手社員は、男女を問わずほとんどが時間制約社員に該当すると考えてもいいでしょう。子育てはもちろんですが、自己研鑽、好きな趣味、社外活動など、多様な理由が挙げられます。「職場では言っていないが資格の学校に通っているので水曜日は絶

対に残業できない」とか「東京マラソンに出るのでトレーニング計画を乱す残業はしたくない」というのが普通の感覚で、昔のように仕事最優先と考える若手は少数派です。2019年のマイナビ新入社員意識調査で、仕事とプライベートのどちらを優先する生活を送りたいかを聞いたところ、約7割の新入社員がプライベート優先と回答しています。ただし、これを誤解してはいけません。高度経済成長期にいた「マイホームパパ」やバブルのころにいた「5時から男」とは全く違います。地味な平成時代を生きてきた若手社員は将来に漠然とした不安を感じているので、仕事は責任をもって真面目にきちんとやります。でも**「プライベートは犠牲にしたくない」**という意識が強いのです。仕事は効率よく進めて時間を確保してプライベートも充実させたい、と考えています。ですから、上司が昭和の感覚で「仕事と家庭のどっちが大事なんだ！」とか「そんなことで残業拒否するのか！」などと言うと、これも若手が転職を考えるきっかけになります。若い世代ほど、仕事もプライベートもどちらも大事で、本当の意味のワーク・ライフ・バランスが重要だと考えています。これからはどの職場でも人材確保のために、誰もが仕事とプライベートを両立して働けるような職場環境を作ることが必須になってきます。

ワーク・ライフ・バランスの誤解

　読者の皆様は「**ワーク・ライフ・バランス**」という言葉を、聞いたことはあるでしょう。それでは、「ワーク・ライフ・バランス」の本当の意味をきちんと言えますか？　何となく「仕事と生活のバランスを取ること」と思っているのではないでしょうか。そして、生活イメージとして「仕事はほどほどにして、プライベートを充実させる生活」や「仕事と私生活の割合を半々にすること」というように誤解をしていませんか？

　2007年に「仕事と生活の調和（ワーク・ライフ・バランス）憲章」が制定されましたが、当時はもちろん「働き方改革」という言葉はありませんでした。女性の社会進出が進み始めた時期だったこともあり、ワーク・ライフ・バランスという言葉は女性の両立支援や福利厚生の強化というイメージを持たれてしまいました。そのため一時的にはやり言葉になりましたが、経営者からはコスト増で仕方なくやるものというイメージを持たれて、ブームは失速してしまいました。それが昨今の働き方改革ブームに絡んで、ワーク・ライフ・バランスがまた注目されています。

　では、「**ワーク・ライフ・バランス**」**の本当の意味**はどういうことでしょうか。内閣府の定義によると、仕事と生活の調和（ワーク・ライフ・バランス）が実現した社会とは、「国民1人ひとりがやりがいや充実感を感じながら働き、仕事上の責任を果たすとともに、家庭や地域生活などにおいても、子育て期、

中高年期といった人生の各段階に応じて多様な生き方が選択・実現できる社会」とされています。

　ここで大事なことは、「**仕事上の責任を果たすとともに**」を見落とさないことです。決して、私生活だけを大事にして何よりも優先するということではありません。会社の仕事では、時間効率を高めて働くことで残業を抑えながら、しっかりと成果を出すことが求められます。そして、効率的に働いて一定の時間を確保することにより、子育てなどの私生活にも注力し、公私ともに充実した生活を送る、そういう生活スタイルを目指しています。そしてその私生活の経験により視野を広げたり異分野の知識を得ることで、新たな発想ができるようになり仕事の質の向上にもつながる、そういう好循環を生むのがワーク・ライフ・バランス重視の生活です。会社の仕事も私生活も充実した毎日を送ることで、お互いに大きなシナジー（相乗効果）がもたらされます。特に昨今は、ビジネスでも多様性や付加価値が求められますので、ワーク・ライフ・バランス重視の生活スタイルがますます重要になっています。

【ワーク・ライフ・バランスの概念図】

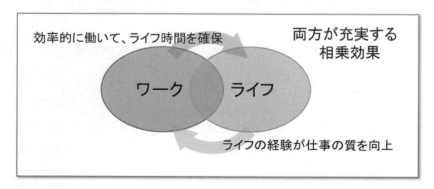

ここで特に注目していただきたいのは、「私生活の経験により視野を広げたり異分野の知識を得ることで、新たな発想ができるようになり**仕事の質の向上**にもつながる」ということです。ここで言う私生活の経験とは、異業種交流や資格取得などの自己研鑽だけではなく、子育てや介護、地域活動、ＮＰＯ活動、趣味サークルなど、あらゆる活動が対象になります。私生活で会社の仕事と全く違う新たな経験をすることで視野が広がり、異分野の知識を得て、柔軟な新しい発想が生まれ、仕事の質が向上します。これからの時代は右肩上がりの昭和時代とは違い、ビジネスは量より質で勝負しなければなりません。

▶これからのライフスタイル

　この数年、多くの企業で働き方改革が進められてきましたが、特にコロナ禍で在宅勤務やテレワークを導入する企業が一気に増えました。それとともに、働き方や家族との生活についてあらためて考えさせられた方も多いのではないでしょうか。例えば、これまで会社人間だったお父さんが子育てに関わり、「子育てがこんなに大変だとは思わなかった」「子どもと向き合う時間が楽しくて過去を反省している」というような感想を聞きます。このように、今までと異なる経験をすることで自分の意識が変わり、新たな知識が増えて、実は会社の仕事を進める上でも大きなメリットがあるのです。

　社員のワーク・ライフ・バランスを重視すると会社の業績が悪化すると考えている経営者は、意識を変えないとこれからの

時代に取り残されます。若手社員からも家族からも間違いなく見放されます。会社の業績向上のためにも、社員の充実した生活のためにも、昭和時代の「ワーク、ワーク、ワーク」のライフスタイルから脱却するべきです。そして、社員全員がワーク・ライフ・バランス重視の生活を送り、公私ともに充実した欲張り人生を楽しむことで、仕事に対するモチベーションが向上し、会社の業績アップにつながります。

　なお、「バランス」という言葉はどうしても天秤をイメージさせて、一方を重視するともう一方が軽視されると誤解されがちです。そのためワーク・ライフ・バランスではなく、「ワーク・ライフ・インテグレーション」「ワーク・ライフ・ハーモニー」「ワーク・イン・ライフ」などと表現されている専門家もいますが、基本的な考え方はすべて同じだと私は考えています。

若手社員が離職する理由

　最近、多くの企業経営者から「人材募集を出しても人が集まらない」「せっかく入っても２、３年で辞めてしまう」などと嘆く声を聞きます。ここでは、若手社員の離職の理由について考えてみます。

　厚生労働省の調査によると、新卒就職者の就職後３年以内の離職率は、新規高卒就職者で約４割、新規大卒就職者で約３割という状況が何年も続いています。**大卒新人の約３割が入社３年以内に離職している**、ということです。しかもこれはあくま

で平均値で、企業規模が小さくなるほど離職率は高くなっており、大企業よりも中小企業の方がより深刻な状況になっています。この厚生労働省の調査を詳しく見ると、実は離職率は10年前、20年前から高くなっているわけではなく、高卒も大卒も離職率にほとんど変化はありません。それなのにこの数年、若手社員が辞めてしまうという悩みの声が多くなっているのはなぜでしょうか。若年離職に関する各種調査では離職率に注目していますが、よく考えると少子化の影響で若い年齢層ほど人口そのものが減少しています。そのため、離職者が発生した場合、以前ならまた募集すれば済んだものが、今は新たに採用しようとしてもなかなか採用できません。そのため、若手の人手不足、離職者発生の悩みに世の中の注目が集まっているのだと思います。

　それでは、会社を辞めた若者は、何が原因で離職を決断したのでしょうか。2017年度に内閣府が行った「子供・若者の現状と意識に関する調査」によると、初職（学校等を卒業または中途退学した直後の就業）の離職理由（複数選択可）で多かったのは次の通りです。最も多かったのが「仕事が自分に合わなかったため」で43.4％、次に「人間関係がよくなかったため」が23.7％、続いて「労働時間、休日、休暇の条件がよくなかったため」が23.4％などと続いています。

　また、2021年に㈱ビズヒッツが新卒1年以内に転職した381人にアンケート調査を実施した結果では、転職理由で最も多かったのが「職場の人間関係が悪い」、次に「長時間労働・休日への不満」、そして「仕事内容が合わない」などと続いてい

ます。

▶本当の退職理由

　2022 年には、エン・ジャパン㈱が「本当の退職理由」実態調査というアンケート調査を実施し、１万人から回答を得ています。それによると、会社に退職の報告をする際に、退職する本当の理由を伝えたのは57％で、半数近くの人は本当の理由を伝えていません。私が若手社員の離職に悩んでいる経営者に「離職の理由は何だと思いますか？」と尋ねても、ほとんどの方が「さあ、本当のことは言わないから分からないんだよね。」とおっしゃいます。この調査が面白いと思うのは、会社に退職を報告する際に伝えた退職理由と、本当の退職理由の両方を尋ねているところです。会社に伝えた退職理由で最も多かったのは「新しい職種にチャレンジしたいため」、次が「別の業界にチャレンジしたいため」、そして「結婚など家庭の事情のため」などと続いています。一方、本当の退職理由で最も多かったのは「職場の人間関係が悪い」、そして「給与が低い」、「会社の将来性に不安を感じた」、「社風・風土が合わない」と続いています。

　これらの調査結果を見ると、**「職場の人間関係」**や**「労働時間と休日」**が若手社員の離職の大きな要因になっていることが分かります。今の若者は、もちろん給料も大事ですが、それよりも働く職場の人間関係が嫌になって、あるいはワーク・ライフ・バランス重視の生活ができないという理由で転職を考える人が多いのです。「職場の人間関係」が理由と回答した人にも実際の内容には幅があり、中にはパワハラ的な言動に我慢できな

くて辞めた人もいると思います。しかし、職場について若手社員にヒアリングしてみると、上司と働き方に関する意識や価値観が違い過ぎて困っている、先輩が分かりやすく指導してくれないので成長できるのか不安、という声を多く聞きます。こういうことも「職場の人間関係」という回答に含まれているでしょう。昭和的な思考であれば、「それなら上司と一緒に飲みに行って、ざっくばらんに議論してみろ」とか「分からないことは聞かない方が悪い」ということになるのでしょうが、それは今の若者には通用しません。それこそ昭和世代とは考え方が違うので、そのような対応をしていると若手社員は転職を考え始めます。このような点で、断続的に離職者が発生している職場では、上司がその一番の原因だと言えるでしょう。

▶若手社員の転職意識

　少子化やデジタル化など社会環境の変化により、以前に比べて若者の転職のハードルが低くなっています。インターネットの普及により、今では企業に関する情報が、口コミも含めて簡単に収集できるようになりました。また、企業と求職者を直接マッチングするネットサービスも出ています。新卒者を対象にした各種調査では、**就職した会社で定年まで働こうと考えている人は3割以下**しかいません。ただし、これは何年か働いたら転職しようと考えながら働く、というわけではありません。その会社では自分が成長できないと感じたら、幸せな生活を送れないと思ったら、会社の将来性に疑問を持ったらなど、何かきっかけがあったら躊躇なく転職を考えるという意味です。

以前のような右肩上がりの時代には、大企業に就職して定年まで頑張って働けば、自分も経済的にも立場的にも徐々に上がっていく可能性が高く、そのためには転勤も長時間残業も厭わないと考えて働きました。ところが、今の若手社員は平成時代を生きてきた中で、産業の浮き沈みや技術革新の速さを感じており、大企業でも突然リストラを行ったり買収されたりすることを知っています。今の時代は有名な企業に就職しても一生安泰ではないということを知っています。だからこそ、若手社員は自分の生き方を大事にしたいと考え、そして外部労働市場で通用するような自身のスキルアップを意識しながら働いており、転職に対する意識も高いのです。若手社員の離職が発生している企業では、その主たる原因である**「職場の人間関係」**や**「労働時間と休日」**を改善し、働きやすい職場づくりをすることが必要ではないでしょうか。そのためは、実効性のある働き方改革を進めていかなければなりません。

 マネジメントスタイルの変化

　はじめに**「マネジメント」**の意味について確認しておきたいと思います。マネジメント（management）は日本語に訳すと「管理」で、「管理職」という言葉は一般的ですが、同じく「管理」とも訳されるコントロール（control）とは違います。マネジメントとは、組織の経営資源やリスクを管理して効率的に運営し、設定した組織目標の達成を目指すことで、「経営管理」や「組

織運営」という意味です。組織の経営資源には人、物、金、情報などがありますが、人に焦点を当てて分かりやすく言うと、「組織目標の達成に向けて、部下たちが実力を十分に発揮して働ける環境を整えること」だと私は考えています。決してお金や時間のチェックだけしてあとは結果を評価すること、という意味ではありません。

　高度経済成長期から続いていた右肩上がりの時代には、そういう管理職が結構いました。私が営業部門で働いていた新人のときには、毎月の売上や経費、残業時間などをチェックして、「今月あと○○万円、注文を取ってこい！」「今期の経費使用の進捗率は○％」「残業時間は○時間以内にしろ」などと言うだけで、あとは結構ヒマそうな課長が社内に何人もいました。私は内心で「課長って楽そうだなあ。数字をチェックして、尻を叩いて、達成率で評価するだけならオレでもできる」と思いながら、管理職が本来やるべきことは何だろうなどと考えていました。当時はそういうチームでも予算達成できていたので、結果オーライで誰も大きな不満は持ちませんでした。最近の管理職はプレイングマネージャーと呼ばれ、自分自身の担当業務を持ちながらチーム全体も取りまとめて、自分の目標もチームの目標も両方の達成を求められます。管理職は一昔前とは違う厳しい状況で業務を全うしなければなりません。

▶従来のマネジメント

　では、今の時代はどのように会社あるいは部署、チームをまとめてマネジメントしていけばいいのでしょうか。現在と比較

するために、まずは昭和時代の**管理・監督型マネジメント**について説明します。基本的には**トップダウン**で上司が指示や命令を出して、部下はそれに従うという上意下達で、**縦の関係**が強い形で運営されていました。みんなが上司の言う通りに行動すればほぼ良い結果がついてくるため、社員の同質性が重視され、変に反発する部下は邪魔者でした。また、スキルの低い人はチームの足を引っ張るので、誰もが苦手な仕事を克服する必要がありました。また、世の中の市場が拡大しているので営業部門の目標は売上重視で、競合他社より少しでも安く大量に販売し、目標達成すれば利益は自ずと確保できました。事業が拡大していくと組織も拡大してポストも増えるので、年功序列のピラミッド型組織の中で、みんなが徐々に昇進できてハッピーでした。

　当時とは社会状況が大きく変化している現在、このようなマネジメントが通用しない時代になりました。今の多様化した変化の速い時代に、上司がトップダウン型ですべてにおいて旗を振って進めようとすると、手が回らなくなってパンク状態になり、何もかもが中途半端になってしまいます。今でもそのように、自分が育てられた一昔前と同じマネジメントをしようとして、悩んでいるリーダーを見かけます。そのようなチームは目標が達成できないだけでなく、部下の成長を阻害して育つ機会を奪うことになり、その環境に不満を持った若手社員は転職を考えます。

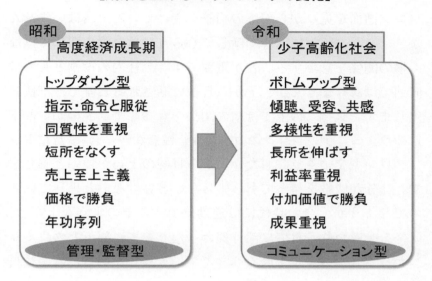

【成果を上げるマネジメントの変化】

昭和
高度経済成長期

トップダウン型
指示・命令と服従
同質性を重視
短所をなくす
売上至上主義
価格で勝負
年功序列

管理・監督型

令和
少子高齢化社会

ボトムアップ型
傾聴、受容、共感
多様性を重視
長所を伸ばす
利益率重視
付加価値で勝負
成果重視

コミュニケーション型

▶これからのマネジメント

　令和時代に求められているマネジメントは、管理・監督型とは違う**コミュニケーション型マネジメント**です。これは上司が部下の意見をよく聴いて、部下主体で業務を進めていく**ボトムアップ型**のマネジメントです。上司が組織の目標や方向性を示し、それに基づいて指導しますが、実務について上司があれこれと細かい指示は出しません。その代わり、いつでも相談を受けるオープンな姿勢を示し、困ったときにはしっかりとサポートする安心感を与えます。昨今、自律型人材を育てようとよく言われますが、まさにそのための環境を整えるということです。

　部下とコミュニケーションを取る際のコツは、相手の話を最後まで**傾聴**し、どんな意見も一旦は**受容**し**共感**することです。

相手の話を最後まで聞かずに否定する上司はいませんか？　パソコン画面を見ながら部下の相談を受けている上司はいませんか？　また、部下に本音で話してもらうには、縦の関係ではなく**横の関係**を意識することが重要です。会社内の役割としては同列ではありませんが、上から目線で話されると誰でも不快に感じます。気持ちの上では横の関係を意識して話すのが、部下とのコミュニケーションのコツです。残念ながら、いまだにトップダウン型を強く意識した、上から目線の上司が多いと感じます。自分が威厳を持って引っ張らないといけないと思っているのでしょうが、今の時代には逆効果です。そのような上司は、研修を受けたり子育てに深く関わったりして、部下とのコミュニケーションスキルを磨くべきです。そうしないと、若手社員は愛想をつかして離れて行ってしまいます。社会人としての成長を強く意識している部下に対して、**いかに仕事を任せるか、権限委譲できるか**、それが上司としての器量を問われるところです。ちなみに、野球のＷＢＣで優勝した日本代表の栗山監督は、選手に対して**「信じて、任せて、感謝する」**を徹底したそうです。上司の方は、部下を信じて、任せて、そして感謝していますか？

▶変化への取り組みを

　また、令和時代のマネジメントでは多様性を重視し、さまざまな意見が出ることを歓迎します。消費者ニーズが多様化し、斬新な発想が求められる時代に、金太郎あめのような同質の人材だけではビジネスは成功しません。社員それぞれの長所を伸

ばして多様な人材のチームで仕事を進め、付加価値で勝負して高い利益率を確保する時代です。人事制度についても、年功序列では若手社員のモチベーションが下がり、転職につながります。保守的な体質の企業で働く社員から、評価や給与はほぼ年功序列ですという話を聞くと、まだそんな企業があるのかと驚かされます。人事制度についても社会の変化や社員の意識の変化に合わせて、成果主義やジョブ型人事制度などの導入を検討していくべきでしょう。

　最後に、管理職自身やベテラン社員が、昔からのやり方に固執して**思考停止状態**になっていないか、振り返ることも重要です。職場で以前から続いている非効率な慣習や暗黙のルールがある場合、若手社員はそれを**「謎ルール」**と呼んでいます。そして効率的に仕事を進めるためにその謎ルールを変えるよう提案しても、思考停止状態の上司に却下されると、それを蔑視して転職を考え始めます。そうならないために、まずは上司が積極的に業務改善を進める思考を持ちましょう。

 ⑧　イクボスのススメ

　ここで、令和の時代に求められる上司像として**「イクボス」**をご紹介します。「イクメン」は聞いたことがあると思いますが、「イクボス」という言葉を聞いたことはありますか？　イクボスとは「職場で共に働く部下・スタッフのワーク・ライフ・バランスを考え、その人のキャリアと人生を応援しながら、組織

の業績も結果を出しつつ、自らも仕事と私生活を楽しむことができる上司」のことです。イクボスの「イク」はイクメンと同じく「育」の字から来ていますが、育児だけを意味しているわけではありません。マスコミの記事などで「育児を応援する上司であるイクボス」と紹介されることがありますが、この場合は字数の関係もあって狭義で使われています。本来の「イクボス」の意味は上記の通りで、「育」の字は育児だけでなく、部下を育てる、組織を育てる、家庭を育てる、地域を育てる、社会を育てる、そして自分も育てる、というように広い意味を含んでいます。

▶3つのポイント

　このイクボスの定義で大事な部分は３つです。１つ目は**「部下・スタッフのワーク・ライフ・バランスを考え」**という部分です。これついては、すでにワーク・ライフ・バランスの重要性について前述しましたので、ここでは割愛します。１つだけ強調しておきたいのは、部下のワーク・ライフ・バランスを重視すると組織の業績が下がると思っている人は、ワーク・ライフ・バランスを誤って理解されているということです。たしかに、現状のまま単純に仕事の量だけを減らして部下を早く帰らせれば、業績に悪影響が出るかもしれません。そうではなく、働き方改革、業務改善を継続的に進めることで、勤務時間の節減を図ろうということです。

　イクボスの定義の中にも**「組織の業績も結果を出し」**という表現があります。これが２つ目の大事な部分です。経営者や管

理職にとって、組織の目標を達成することや計画通りの結果を出すことは、その立場として果たすべき役割です。部下のワーク・ライフ・バランスを重視したので目標が達成できませんでした、というのはイクボスではなく「ゆるボス」と言います。組織全体として目標を達成するためには、上司がゆるゆるの対応で部下を甘やかすことは許されません。2022年4月から中小企業を含めたすべての企業がパワハラ防止法の対象となり、部下への対応に戸惑っているという上司もいます。しかし、それは態度や表現などコミュニケーションの問題であり、部下も決して「ゆるボス」を求めているわけではありません。最近では、自分の成長を感じられない「ゆるい職場」に危機感を持ち、転職する若手社員も出ています。

　そして、3つ目が**「自らも仕事と私生活を楽しむ」**という部分です。社会人になってから仕事一筋、会社人間として働いてきて、今もそのままという上司はいませんか？　年代的には昭和意識の強い50代以上の男性が多いのですが、そういう上司を今の若手社員は尊敬しません。若手社員は仕事をしっかりと頑張る一方で、プライベートを犠牲にしたくないという強い意識を持っています。家庭を顧みず仕事一筋の上司に対して、「将来ああいう風にはなりたくない」「あれで人生が楽しいんだろうか」という目で見ています。最近の若手社員や女性は管理職になりたくない人が多いという話をよく聞きますが、「管理職になりたくない」のではありません。正確に言うと、「自分が今まで見てきたような、会社人間で仕事に振り回されている管理職にはなりたくない」のです。

そのためにも、上司の方はぜひ若手社員があこがれるような働き方、生き方を見せて、先輩ビジネスパーソンとしてのお手本（ロールモデル）を目指していただきたいと思います。これは部下育成のためだけではなく、上司自身のためでもあります。人生をざっくり言うと、昭和の人生は20年勉強して、40年働いて、10年余生を送って終わりました。今や人生100年時代と言われ、それからさらに20〜30年、人生が残っています。その間どう過ごすかを念頭に置いて、現役のうちから生活の幅を広げておくことが楽しい一生につながり、また部下からも一目置かれることになります。会社関係以外で、楽しいコミュニティを持っていますか？　飲み屋以外のサードプレイスを持っていますか？　そもそもホーム（家庭）がアウェイ（敵地）になっていませんか？　最近は**「働き方改革は生き方改革」**とも言われており、「自らも仕事と私生活を楽しむ」ことも、イクボスにとって重要なポイントになります。

▶イクボス10か条

　さて、イクボスを全国的に推進しているＮＰＯ法人ファザーリング・ジャパンでは、イクボスの具体的な行動として次のような**「イクボス10か条」**を作成しています。

　①理解
　　部下が子育て・介護・地域活動などのライフに時間を割くことに理解を示していること。
　②ダイバーシティ
　　時間制約のある部下を差別や冷遇せず、夜に会議をしない

等、ダイバーシティな経営をしていること。

③知識

ライフのための社内制度（育休制度など）や法律（労基法など）をよく知っていること。

④組織浸透

管轄している組織全体に、ライフを軽視せず積極的に時間を割くよう、推奨し広めていること。

⑤配慮

転勤や単身赴任など、部下のライフに大きく影響を及ぼす人事については、最大限の配慮をしていること。

⑥業務改善

育休・介休取得者などが出ても業務が滞らないよう、情報共有やチームワーク醸成などの手段を講じていること。

⑦時間捻出

部下がライフの時間を取りやすいよう、会議や書類の削減、意思決定の迅速化などを進めていること。

⑧提言

ボスの上司や人事部などに対し、部下のライフを重視した経営をするよう、提言していること。

⑨有言実行

イクボスのいる組織や企業は業績も向上するということを実証し、社会に広める努力をしていること。

⑩隗より始めよ

ボス自らワーク・ライフ・バランスを重視し、人生を楽しんでいること。

以上が「イクボス 10 か条」ですが、いかがでしょうか。この中でこれはいつも心がけている、という項目はいくつありますか？　実際に 10 か条が全部できているという人はほとんどいません。あくまでも、上司はこういうことを常に意識ながら働きましょう、という位置付けで活用していただければＯＫです。「イクボス 10 か条」を忘れないように、紙に書いて職場のどこかに貼っておくと効果的です。しかも、それを見た部下からの評価も間違いなく上がります。

第 2 章

働き方改革と意識改革

第１章では、この30年間の社会の変化について見てきました。第２章から第４章までは、人材確保のために必要な働き方改革についての内容になります。この第２章では今なぜ働き方改革なのか、その理由や全体像についてご説明します。その後、経営者、管理職など上司の方の意識改革に役立つようなテーマについてご説明します。

　振り返れば、いつの時代でも上司は新入社員に対して「新人類」「ゆとり世代」「Ｚ世代」などと呼び、世代間ギャップを感じてきました。働き方改革のお手伝いをしている中で、現在も**若手社員との意識ギャップ**に悩んでいる上司が本当に多いと感じます。特にこの30年間は働き方に関する法律が変わり、夫婦の生活スタイルも変わり、それに伴って働く若者の意識も大きく変わっています。一方で、ボーナス期の成功体験の記憶が残っていて、長時間労働が成果を上げるという考えから抜け出せない上司も多く見受けます。そのため、昭和世代の上司と若い社員との間では働き方に関する大きな意識ギャップがあり、お互いに悩んでいる職場が多いというのが現状です。その主な原因として、時代の変化や最新情報に対する上司側の理解不足、誤解が挙げられます。そこで第１章とともに、本章も特に上司の方にしっかりとご理解、ご認識いただきたい内容になっています。

① 働き方改革

（1）働き方改革のメリット

　働き方改革関連法が 2018 年に成立し、2019 年 4 月から順次施行されて、日本ではまさに働き方改革ブームと呼ぶような状況になりました。そしてそれは今も続いており、一部の業種では猶予されていた残業時間の上限規制が 2024 年から適用されるため、対応に追われています。なぜ法律まで作って働き方を見直そうとするのか、それは時代の変化に合わせて、誰もが働きやすい職場で効率よく働くことによって、企業の生産性を上げることが狙いです。しかも「失われた 30 年」と言われているように、気が付くと日本だけが時代から取り残された状態になっているからです。それでも働き方改革を深く理解していない経営者も多く、現在の働き方改革の取り組みは企業によって千差万別です。今後も少子化が進む日本では、他社よりも早く働き方改革に取り組んで人材を確保することが、これから生き残る企業になるための大きな要因だと考えています。

▶社員個人にとってのメリット

　ここで、あらためて**働き方改革のメリット**について、社員個人と企業側の両方の面から考えてみたいと思います。まずは、**社員個人にとってのメリット**です。これについては私が説明するまでもなく、皆さんもご理解いただいていることでしょう。職場の働き方改革によって、効率的に仕事を進めて個人の時間

を確保することで、子育て、介護、自己研鑽、趣味、社外活動など、プライベートを充実させることができます。会社の仕事以外の経験を増やすことで視野が広がり、社会人として成長することができます。また、柔軟な働き方ができる体制を構築することで休暇を取りやすくなり、子育てや介護と両立して働き続けられるようになります。

　また、長時間残業を減らすことで、自分自身の心身の健康状態がよくなり、仕事に前向きな気持ちで集中して取り組むことができます。そして家族と過ごす時間が増えることで、家族とのコミュニケーションが密になり、家庭円満につながります。結婚後の妻の不満が長年蓄積すると、夫の定年後の熟年離婚につながります。決してホームをアウェイにしてはいけません。

　このように、働き方改革は個人にとって多くのメリットがありますが、仕事の進め方を変えて働きやすい職場を実現しながら成果を出すことが重要です。決して上司が部下を甘やかすわけではないということを、あらためて強調しておきます。

▶企業側のメリット

　それでは、働き方改革を進める**企業側のメリット**は何でしょうか。一番は何と言っても、**優秀な人材の採用や離職率の低下**でしょう。少子化が進んでいく日本では、いかに人材を確保するかが企業の最も重要な経営課題です。若手社員の離職については第1章で述べた通りですが、新規の人材採用についても企業の働き方改革への取り組みが大きく影響しています。㈱マイナビが2022年3月に行った「2023年卒大学生 活動実態調査（3

月1日）」の中で、「就職先として企業を選ぶ際のポイント」を複数回答で聞いています。その回答で最も多かったのは「安定性がある」で66.8％、次いで「社風や働く社員が良い・良さそう」が65.3％、そして「福利厚生が充実している」、「待遇面（給与、休日休暇制度含む）が良い」という回答がそれに続いています。同社では、「自らが働く環境に対して、ソフト面（社風や社員の雰囲気）、ハード面（福利厚生、待遇といった制度）の両面について安心できる環境かどうかを重要視している傾向があると言える」と分析しています。

　企業のハード面は会社案内や募集要項などである程度分かりますが、社風や社員の雰囲気などのソフト面は、実際にその職場に入ってみないと分かりません。先輩社員から話を聞いたり会社訪問をしてみても、実際のところはなかなか実感できません。そこで、今の学生たちはその企業に関するニュースや口コミなど、インターネット上で広く情報を収集します。例えば、厚生労働省が運営している**「女性の活躍推進企業データベース」**サイトでは、女性活躍に関する各企業の情報が閲覧できます。そこには、登録している企業の働きやすさや働きがいに関する実績数字、**「えるぼし」**や**「くるみん」**などの認定状況、行動計画などが掲載されていて、自由に検索できるようになっています。実は、このサイトを見ているのは女子学生だけではなく、最近は多くの男子学生も見ています。彼らは「女性活躍に積極的な企業なら男性も働きやすいだろう」「女性活躍に積極的な企業は古い社風ではないだろう」と考えて、自らの就職活動の参考にしているのです。企業の採用担当者に聞くと、最近は採

用面接で堂々と「御社の男性育休取得率は何パーセントですか」と聞いてくる男子学生がいるそうです。売り手市場の影響もあるのでしょうが、学生たちはそれだけ入社後もプライベートを大事にしたい、という意識が強いということでしょう。

　それ以外にも、働き方改革が企業にもたらすメリットはあります。働き方改革は、単に残業を減らしたり休日を増やすことではなく、働きやすい職場にするために全員で継続的に意見を出し合って考えることが一番大事なことです。そういう機会を設けることで社員の意識が徐々に変わり、コミュニケーションが向上し、士気が高まります。また、社員がプライベートを充実させることで職場でも新たな視点や発想が出てきて、付加価値で勝負する時代に大きなメリットになります。

　ほかにも、働き方が変わることで社員の負担が軽減し、心身ともに健康な状態で働くことができます。社員が健康な身体で良好なメンタルヘルスを維持して働くことは、企業業績の向上にもつながります。そして一方で、残業時間が減れば「結果的に」残業代の人件費も削減できます。「結果的に」と書いたのは、経理的な発想で働き方改革の目的が残業代を削減すること、というケースがまれにあるからです。それを表向きには隠していても、トップや人事経理部門の言動から社員は必ず感じて、働き方改革に後ろ向きになってしまいます。働き方改革が成功している企業では、結果的に削減できた残業代の原資を一時金や福利厚生面で社員に還元しているケースがあり、そのことによって社員の働き方改革への意識がさらに高まっています。

(2) 働き方改革成功の4要件

　働き方改革を成功させる要件として、次の4つのことが挙げられます。それは、①トップの本気度、②意識改革、③業務改善、④制度整備です。それぞれについて、これから1つずつご説明しましょう。

【働き方改革成功の4要件】

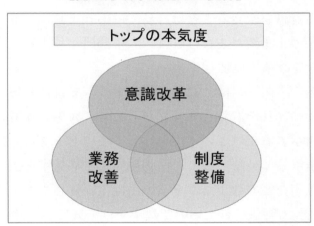

▶トップの本気度

　最初に、**①トップの本気度**です。まず、会社の社長、団体の理事長、自治体の首長など、その組織のトップが真の働き方改革を十分に理解することが必要です。そして、もし多少の混乱が生じたとしても働き方改革を進めていこうという覚悟を持って、本気で取り組むかどうか、それがポイントです。全社的にスムーズに働き方改革を進めていくためにはこれが大前提にな

るのですが、実際にはさまざまなトップがいます。

　経営者向けセミナーで働き方改革の本質を分かりやすくお伝えしても、講演後に「中倉さんの話はもっともなことで、よく分かった。でも毎日遅くまで頑張って働かないと企業は成長できないんだよ。今までそうやって来たんだから」などと言われることがあります。年齢によって先入観を持ってはいけませんが、私の経験では70代以上の創業社長とか実力会長などは、過去のボーナス期の成功体験があまりにも強烈すぎて、働き方に関する意識を変えることは容易ではありません。トップの意識が昭和のまま変わらなければ、人事部門が頑張っても残念ながら働き方改革は成功しません。

　よくあるパターンは、働き方改革ブームで自社も何かやらないと他社に後れを取るとトップが考えて、人事責任者に働き方改革を指示するだけというパターンです。トップ自身は表面的にしか理解していないので、活動期間と目標数字を決めて、あとは達成率などの数字だけを追いかけて評価します。そうすると各部門長も評価されたいので数字だけを気にして、例えば「残業時間20％削減」が目標であれば、部下にはとにかく早く帰れと強く指示するだけになります。業務改善を行わずに指示だけされても現場にしわ寄せが来て、仕事を終えるために担当者の隠れ残業や持ち帰り残業が発生します。これがいわゆる「間違った働き方改革」「働き方改革の失敗パターン」です。

　このような場合には、まず組織トップに働き方改革の本質をよく理解してもらい、人材確保の危機感を持って本気になってもらうことが必要です。そのためには、働き方改革に関する社

外の情報をトップに継続的にインプットしてください。例えば、経営者向けセミナーに参加してもらうとか、競合他社の取り組み事例や業績アップした成功事例、セミナー資料、人事専門家の記事などを読んでもらうなど。あるいは、社外からの働き方に関するインタビューを受けてもらうことも効果的です。優秀なトップであれば、外部から３つ以上の多面的な情報インプットがあると時代の変化を感じて、自社も真面目に取り組まないといけないかなと思うはずです。

　一方で、働き方改革をスムーズに進めて、社員の表情や社内の雰囲気が明るくなったという企業も多数あります。そういう企業に共通しているのは、人材が採れないことや離職者が出ていることに社長自身が強い危機感を持ち、どうすればいいのかを真剣に考え、働き方を変えていることです。まずは、トップの本気度。トップが強い危機感を持っている組織ほど、働き方改革は成功しています。

▶意識改革

　続いて、②意識改革です。働き方改革では、働き方改革関連法などの法令に従って社内制度やルールを整備するのは重要なことです。しかし、せっかく制度やルールを整備しても、実際に働く人々の意識が変わらなければ実態が伴いません。パソコンでも古いＯＳのままだと、最新のアプリケーションソフトが機能しません。それと同じで、特に昭和の考え方を引きずっている経営者や管理職は、まずＯＳ（意識）を最新版にバージョンアップする必要があります。何十年も生きてきた人間の意識

はすぐには変わりませんが、トップがイクボス宣言を行ったり、管理職を対象にイクボス研修を実施したりして、徐々に変えていきましょう。もし企業トップが本気になっても、実務担当者との間にいる中間管理職がその気にならないと、本当の働き方改革は進みません。

　また一般社員に対して、働き方改革を誤解しないために勉強会を行うことも重要です。単に仕事量を減らして早く帰るとか、休暇はいつでも自由に取れるとか、とにかく楽になることが働き方改革だ、などと勘違いされても困ります。逆に若手社員のごく一部には自分の親をロールモデルと考えて、長時間残業して頑張る人が偉いと思っている人もいます。なぜ働き方改革を行うのか、なぜ業務改善を行うのか、その目的や理由について全員が同じ認識を持って進めることが、働き方改革を成功させるポイントです。

▶業務改善

　そして、③業務改善です。社内の制度やルールを整備して、昭和を引きずる上司の意識を変えても、仕事のやり方を変えなければ実際には働き方は何も変わりません。みんなが効率よく仕事を進めるためには、現状のムダを無くしたり、情報を見える化して共有したり、お互いにカバーできる体制を考えたりしなければなりません。そのためには業務改善活動が必要で、職場における働き方改革とは業務改善を行うことだと言っても過言ではありません。その具体的な内容や進め方については、第3章、第4章でご説明します。

▶制度整備

　最後に、④**制度整備**です。働き方改革関連法などの法令に従って、社内制度やルールを整備して、規則や規程類に盛り込むのは重要なことです。企業規模に関わらず法令遵守は当然で、以前よりも世の中のコンプライアンス意識が高まっていることを認識しなければいけません。ただし法令遵守は最低限必要なレベルで、若者にとって魅力的な会社にするために、それに加えてどれだけ魅力的でユニークな制度を作るか、それが他社との差別化になります。それでは、どういう制度を考えたらいいのでしょうか。そこで重要なのは、それを経営層や人事部門だけで考えるのではなく、現場で働いている実務担当者から広く意見要望を集めて、それをもとに検討することです。さまざまな意見要望は業務改善活動の中で多数出てきますので、まずは業務改善活動を行うことが先決です。そのような点から、本書では④制度整備については多くのページを割いていません。

（3）働き方改革の全体像

　働き方改革成功の4要件として、①トップの本気度、②意識改革、③業務改善、④制度整備の4つについてご説明しました。ここでは、企業が取り組むべき働き方改革の全体像と、それぞれの内容についてもう少し具体的にご説明します。この図をご覧ください。

【働き方改革の全体像】

現状把握	意識改革	業務改善	制度整備
・推進体制の決定 ・現状調査 　年齢構成、男女比 　有休取得状況 　時間外労働時間 　（部門、個人別） ・アンケート等 　従業員意識調査	・イクボス研修 　（経営者、管理職） ・ワークライフバランス 　研修　（実務者） ・周知徹底 　制度ガイドブック、 　イントラ、社内報	・業務の洗い出し ・分析、課題抽出 ・働き方見直し会議 　（カエル会議） ・見直し施策の実施 ・定例会で進捗確認	・両立支援施策 ・休業者支援施策 ・柔軟な勤務体系 ・職場環境の改善 ・評価、賃金制度の 　見直し ・福利厚生の充実

　トップが本気になった後にやるべきこととして、現状把握、意識改革、業務改善、制度整備を挙げています。この図は一般的な流れとして書いていますが、法令遵守のためにまず先に最低限の制度整備を行うこともありますし、意識改革の施策と業務改善の施策を並行して進める場合もあります。企業の状況によって異なりますので、全体の流れ自体はあまり気にしなくてもかまいません。それでは、現状把握、意識改革、業務改善、制度整備のそれぞれについて、進め方の要点をご説明します。

▶現状把握

　まず、**現状把握**です。働き方について見直そうとしたとき、まずはベースとなる現状がどうなっているのかを把握する必要があります。残業や有休取得の状況については、人事担当者が実績データなどを集計・分析できると思います。その際に注意

するのは、単純に平均値でとらえないということです。部門別や個人別などの詳細まで見ないと、本当の実態が把握できません。平均値だけ見ていると、問題点を見誤る可能性があります。

　実績データとは別にもう１つ、従業員がどう思いながら働いているのか、どのように考えているのか、現場の声を集めるのも現状把握として重要なことです。働き方改革はトップの了解のもと、人事部門が現場部門と一緒になって進めるのが一般的ですが、それは組織の規模や体制によって異なります。大事なのは、どう変えるかを人事部門が決めるのではなく、現場の声をもとに方向性や目標を決めることです。アンケート調査や実務担当者へのヒアリングなどで、現場の声をしっかりと把握しましょう。なお、現状把握の方法については、第３章で詳しくご説明します。

▶意識改革

　次に、**意識改革**です。ここでは管理職向けや担当者向けの研修を行い、働き方改革についての理解を深めます。主な目的は、昭和の考え方から脱却できない上司の頭をアップデートすること、そして働き方改革が必要な理由や目的を共有して、全員が同じ意識を持つことです。また、社内イントラや社内報に社長の考えを掲載して、社長が本気であることを社員に理解してもらい、働き方改革を進めて職場を変えようという社員のマインドを高めるのもいいでしょう。どんな仕事でも同様ですが、初めに意識合わせをしておかないと、部署や個人によって温度差が出たり、方向性がずれたりします。意識改革といっても頭の

中を一新するわけではなく、実際には意識ギャップを埋めることや意識合わせをすることだと考えてください。

▶業務改善

そして、**業務改善**です。職場における働き方改革の中核は業務改善活動です。詳しくは第3章、第4章でご説明しますが、業務の洗い出し、要因分析、課題抽出、改善策の検討、実行と振り返り、という流れになります。ここでのポイントは、**ボトムアップ型で「全員で、継続的に」**行うことです。何か1つできたら終わりではなく、一般的に仕事のマネジメントサイクルと言われているPDCA（Plan 計画→ Do 実行→ Check 評価→ Action 改善）を回しながら、業務改善をみんなで継続していくことが重要です。働き方改革の成功事例はインターネット上に多数紹介されていますが、他社事例をそのまま自社で真似しても、なかなか同じようにはいきません。他者事例は参考にはなりますが、社風や組織体制などが異なればそのまま同じように進まないのは当然です。社内で現場の意見を聴きながら地道に進めていくことが、効果的な働き方改革につながります。

▶制度整備

最後に、**制度整備**です。制度と言っても、これには2種類あります。まずは、法令に基づいた社内制度を整備して、規程類を更新し、社員に周知することです。働き方改革関連法だけでなく、昨今は働く人に関する法令の制定や改正が頻繁に行われていますので、即時にキャッチアップして整備しなければなり

ません。時おり社内制度が最新の法令に追いついていない中小企業を見受けますが、法令遵守は必須なので優先度を上げて対応をお願いします。

　もう1つは、その企業独自の制度やルールです。こちらはトップが社員の福利厚生を充実させるために独自に導入するものもありますが、それに加えてぜひ皆さんで話し合って出たアイデアをもとに作っていただきたいと思います。それも働きやすい職場作りのための業務改善の一環です。企業独自の制度やルールは、実は大企業よりも中小企業の方が柔軟な運用が可能なため、残業マントやおやつタイムなど、非常にユニークな取り組みを行っている中小企業が多数あります。

 意識改革

　ここでは、働き方改革成功の要件である「意識改革」の一環として、上司の皆さんにぜひご理解いただきたいテーマについてご説明します。

（1）長時間残業は美徳か

　世代間の意識ギャップの中でも、**「労働時間」**に関する意識のギャップが特に大きいと感じています。右肩上がりのボーナス期には、働く時間と仕事の成果が比例関係にあったので、残業を厭わず長時間働けばそれだけ成果を上げることにつながり、高く評価されて当然でした。昭和時代には**「長時間労働が美徳」**

という価値観が社会の常識でした。ところが、すでに日本は人口減少社会となり、時間をかければかけるだけ成果が上がる時代ではありませんし、長時間働けば働くほど売上が伸びるという時代でもありません。いかに時間をかけずにしっかりと成果を出せるか、それを念頭に置いて仕事をする時代です。それでも、以前の「長時間労働が美徳」という意識から抜け出せない上司は、毎晩遅くまで残業している部下を「Ａくんは毎晩遅くまで頑張っているから評価してあげよう」と高く評価してしまいます。

　働き方改革の目的の１つに「生産性を向上させること」があります。これは作れば作るだけ売れた右肩上がりの時代であれば、１時間に100個作っているものを110個作ることでした。もう大量生産、大量消費の時代ではありません。生産性は簡単にいうと、かけた時間や手間（インプット）に対して、どれだけの成果（アウトプット）を出したかです。もし同じ成果を出すのであれば、なるべく時間や手間をかけずに成し遂げる方が生産性は高くなります。ですから、仕事の成果も能力も甲乙つけがたいＡくんとＢさんがいるとすると、毎晩遅くまで残業しているＡくんよりも、毎日定時で帰っているＢさんの方が生産性は高いのです。しかもＡくんは「残業代＝人件費コスト」をより多く使っています。したがって、上司としてはＡくんよりもＢさんの方を高く評価するべきです。イクボス研修などでは、管理職の方に「もう昭和ではありませんので、遅くまで頑張っていることを評価しないでください」とお願いしています。

　このことは、スポーツの世界でも同様だと思います。昭和時

代には、とにかく長い時間の練習を頑張らないと勝てないとみんなが信じていて、運動部では朝から晩まで土日も休みなく一日中練習していました。体力作りが必要と言われてみんな頑張りましたが、振り返ってみるとかなり精神論の要素が強かった気がします。当時、米国の一流大学の運動部では１日２時間と練習時間を決めていてそれでも強いという話を聞き、「そんなことはありえない、日本とは何か事情が違うのだろう」と気にもしませんでした。最近では科学的な考え方が広まって、日本の運動部でも練習方法が変わってきています。ただ時間だけ長く練習しても効果的ではないということが分かり、時間を決めて科学的な練習や自ら考えた練習を行うようになってきています。会社で長時間労働が評価されていた時代から、時間制約社員が効率的に仕事を進めて成果を出す時代、精神論では評価しない時代に変わったのと似ていると思いませんか？

▶長時間残業のデメリット

　そもそも長時間残業は、悪循環に陥って業務上のリスクが高まるというデメリットがあります。連日長時間残業をすると慢性的な疲労が蓄積します。私自身の経験では、毎月 100 時間以上の残業が数か月間続くと、常に頭がすっきりせず体のだるさも抜けない状態になります。そんな状態で働いていては、スムーズに仕事を進めているつもりでも、実際には作業効率が低下しています。疲労で集中力が低下すると、作業スピードが落ちるだけではなく、うっかりミスや勘違い、重要事項の見落としなどが発生します。そのリカバリーに余計な時間を取られるため、

全体的な効率が悪くなります。効率が落ちると翌日もまた残業せざるを得なくなり、連日の残業生活に陥ります。小さなミスならリカバリーできますが、集中力が低下すると、何かに引っ掛かって怪我をしたり、場合によっては事故を起こすリスクが高まります。

　また、健康成人を対象にした研究で、人間が十分に覚醒して作業を行うことが可能なのは起床後12〜13時間が限界であり、起床後15時間以上では酒気帯び運転と同じ程度の作業能率まで低下する、ということが示されています。このことは、すでに「厚生労働省 健康づくりのための睡眠指針2014」に記載されています。いくら優秀な人でも、**脳が十分に活動できるのは起床後13時間まで**なので、朝6時に起きる人は夜19時が限界、朝7時に起きる人は夜20時が限界ということです。脳や睡眠に関する研究は近年飛躍的に進歩して明らかになったことが多く、以前はこのようなことは誰も知りませんでした。私が若いころは同僚と「夜の残業時間の方が、うるさい上司もいないし電話もかかってこないし集中できるよね」と話していましたが、間違っていました。振り返ってみると、当時の午前中の1時間と夜遅くの1時間では、たしかに午前中の方が仕事ははかどっていたと感じます。

▶個人で残業を減らすには

　では、残業時間を減らすにはどうすればいいでしょうか。職場全体での効果的な業務改善については次章に譲るとして、各個人の心構えとしては、常に時間を意識して仕事をすることが

挙げられます。つまり、**時間効率を重視して働く**ということです。具体的には、常に期限や終わりの時間を設定して、それまでに終わらせるように集中して仕事に取り組むことです。ToDoリストを作っている人は多いと思いますが、明日やるべきことを考えるときに、ToDoの一覧だけでなく、帰る時間を決めて何をどういう順番でそれぞれ何時までに終わらせるかを決めるのです。退社予定時間を決めて、**逆算思考**で一日のスケジュールを決めていますか？　時短勤務や保育園のお迎えに行く人は、そういうことを毎日やっているので、実は非常に時間効率の良い、生産性の高い働き方をしています。

　時間効率や逆算思考について、スポーツの世界で考えてみると分かりやすいかもしれません。野球、テニス、バレーボールなどの試合は、時間制限がありません。１時間で勝っても３時間で勝っても勝てばいいのであって、時間は関係ありません（そのため、最近は試合時間を短縮するためにいろいろなルールが導入されています）。一方、サッカー、ラグビー、バスケットボールなどは試合時間が決まっていて、その時間内に勝たなければなりません。もう少し時間があれば勝てたはず、と言ってもそれは負け犬の遠吠えにすぎません。そのため、サッカーなどの時間制約型スポーツの監督は、試合中には「残りはあと何分」「残り何分で選手交代」など、常に時間を意識して逆算思考で勝つための作戦を考えています。

　会社の仕事でも同様に、時間効率を重視した働き方をすることで、残業を減らせる人が多いと思います。コロナ禍以前に、大事な懇親会とかライブに行くという理由で、絶対に残業でき

ない日はありませんでしたか？　そういう日は自然と逆算思考
でスケジュールを立てて、効率よく仕事を終わらせているはず
です。そしてそういう日は、意外と仕事の充実感があったと感
じませんか？　そういう働き方をぜひ習慣付けて毎日実行し、
残業を減らしましょう。特にダラダラ残業で会社にいるのは、
残業代をもらってもそれ以上にその時間がもったいないので
す。

▶タイパの重要性

　最後に、ビジネスでは以前から**「コスパ」**（コストパフォーマ
ンス、費用対効果）が重視されていましたが、今の多くの若者
は**「タイパ」**（タイムパフォーマンス、時間対効果）重視の生
活をしています。同じ成果を得るならなるべく短時間で得よう
とする考え方です。インターネットで動画視聴する際には２倍
速で見るのが当たり前になっており、ネット上に膨大な情報が
あふれている時代だからこその行動だと思います。そういう意
識から、若手社員は旧来のやり方に対して「なんでわざわざこ
んなことしてるんだ？」とか「こうすればいいのに」という問
題意識を持ちます。それが業務改善にもつながりますので、上
司は若手の意見をよく聴くとともに、自分も仕事上でタイパ重
視の意識を持つべきではないでしょうか。

　なお、ときどき誤解する人がいますが、タイパ重視はあくま
でも社内業務が対象です。どのような業種であっても、お客様
対応まですべてタイパ重視で仕事を進めると、お客様の満足度
が下がり、その組織の評判が悪化していきます。お客様の満足

度は、対応の結果だけではなく、お客様の要望に対していかに手間暇をかけたか、できる限りのことをやったか、そしてお客様が納得感を得られたかによります。常にお客様の満足度向上を重視しながら、いかに社内業務を効率化するか、上司にはその両方が求められています。

（2）男女の役割分担意識

　日本で男女雇用機会均等法が施行されてから35年以上が経ち、男女共同参画社会基本法が施行されてから20年以上が経っていますが、日本では男女の格差が依然として解消せず社会問題になっています。2023年6月に世界経済フォーラムが発表した**ジェンダー・ギャップ指数**をみると、日本は総合スコアで**146か国中125位、先進国の中でも東アジア・太平洋地域の中でも最下位**という結果でした。ジェンダー・ギャップ（Gender Gap）とは、男女の違いによって生じている格差のことです。

　歴史を紐解いてみると、日本での男尊女卑の考え方が生まれたのは江戸時代だと言われています。江戸時代には武士が大きな力を持っていました。武士も家柄で決まる身分制度の1つでしたが、たとえ武家の家系に生まれても女性は武士になることはできませんでした。これが男尊女卑の始まりと言われており、それから連綿と続いていることになります。明治時代の民法では家父長制度のもとで男性優位な社会が続き、その後も女性には参政権がないなどの男女格差は続きました。第二次世界大戦後に法律が変わりましたが、それ以前からの「男は外で働き、女は家を守る」意識はその後も続きました。

▶昭和時代の夫婦像

　現在の男女の役割分担意識に強く影響を与えているのは、昭和時代の高度経済成長期の夫婦のあり方です。第1章で述べたように、当時は「筋力のある男性が会社で働き、女性は主婦として家庭を守る」というのが効率の良い働き方でした。そしてそれが社会的にも家族的にも成功パターンで、サラリーマン夫婦のほとんどがそういう生活をしていました。「内助の功」という言葉もありますが、どうしても経済的に稼いでいる夫の方が偉いという、暗黙の了解が世の中全体にありました。今の高齢者世代は、そういう夫婦生活を当たり前に送ってきました。意識が当時のまま止まっている高齢の政治家などは、悪意なく今の時代に合わない問題発言をして物議を醸したりしています。また、その世代の親が「母親が子どもを預けて働くなんて」とか、3歳までは母親が家庭で子育てをした方が良いという「3歳児神話」を信じていて、困惑している若者夫婦の話も聞きます。昭和世代の考え方が決して間違っているのではなく、当時は正解だったことが時代の変化とともに世の中の考え方も変わっているということです。高齢者も最新の社会情勢をインプットして、自分の頭をアップデートするべきでしょう。

▶学校教育の影響

　もう1つ、男女の役割分担意識に関する世代間ギャップの大きな原因に、学校教育の変化があると考えられます。これは年代的にもっと身近な話で、現役世代のまさに管理職と部下に当てはまることです。それは、1990年代初めに文部省の学習指導

要領が変わり、1993年ごろから順次適用されました。それにより、**中学校、高校で男子も女子と一緒に家庭科をすべて学習する**ことになったのです。それ以前の中学校では、技術・家庭科という科目があって、その授業時間になると男子は技術科室へ行き、本立てを作ったり金属加工をしたり、いろいろな工作をしました。一方で、女子はその時間になると別の家庭科室へ行き、料理をしたり裁縫をしたりして、家庭での仕事を学びました。そういう経験のある世代を**「技術・家庭科世代」**と呼んでおり、現在の年齢でいうと40代半ば以上が技術・家庭科世代に当たります。この世代の男性は、小学校でおままごと程度の家庭科をやっただけで、その後は学校教育で家庭の仕事を全く学んでいません。

　一方で現在40歳以下の人は、男性でも中学校や高校で家庭科を一通り学んでいます。この事実をご存じない方が多く、この技術・家庭科の話をすると、若い世代も中高年世代の上司もどちらも大変驚きます。無意識のうちに、時代が変わっても学校で学ぶことは同じだと思っている人が多いのではないでしょうか。よく考えると、今の小学生は英語やダンスやプログラミングなど、一昔前とはかなり違う内容を学んでいます。10年後には小学校でそういうことを学んだ新人が会社に入ってくることを頭に入れておかなければ、また違う意識ギャップが生じることでしょう。

　このように、現在40代半ば以上の世代は、多感な思春期に学校教育で男女の役割分担意識を植え付けられたといっても過言ではありません。高度経済成長期のような時代的背景もあり

ましたし、その世代の男性は家庭のことを学んでいないわけですから、家庭のことは女性に任せるという意識が強くなるのも仕方のないことだと思います。逆に若い世代は女子と一緒に家庭科を習っているので、家事・育児といった家庭の仕事も分担するのが当たり前という感覚を持っています。結婚した若い世代は共働きなので、夫も家事を何か手伝おうかではなく、最初から2人で家事をどう分担するかを相談します。

　このように、世代による学校教育の違いから考え方も異なり、世代間の意識ギャップにつながっていると考えられます。どちらが正しいとか間違っているという議論ではなく、お互いの考え方の背景などを理解し、まずは世代の違う相手の意見を受容し共感することが大切だと思います。特に技術・家庭科世代の上司は、「男のくせに」とか「それは奥さんの仕事だろ」などと言わないように、しっかりとご理解いただきたいと思います。

(3) アンコンシャス・バイアス

　「アンコンシャス・バイアス」という言葉をご存じでしょうか。アンコンシャス・バイアス（unconscious bias）とは、日本語にすると**「無意識の思い込み、偏見」**という意味になります。最近ではジェンダー問題に関する場面でよく聞く言葉ですが、男女の役割分担意識に関わらず、誰もが広くさまざまなアンコンシャス・バイアスを持っています。各個人は、何十年も生きてきた経験やその間に得た知識に基づいてものごとを考えるので、必ず何らかの偏りがあります。アンコンシャス・バイアスがあること自体が問題というわけではありません。しかし、

そのことに気付かずに発した言葉や行動が、知らないうちに相手を傷つけたり自分の評価を下げるなど、マイナスの影響があるということに注意が必要です。例えば、あなたは次のことについてどう思いますか？

・お料理は男性より女性の方が得意である。
・女性は事務作業が得意で、男性は数字に強い。
・女性は組織のリーダーに向いていない。
・車の運転は、女性よりも男性の方が上手である。

いずれについても、そうだよねと思った人は、それがアンコンシャス・バイアスです。簡単に解説すると、まずお料理については女性が担当している家庭が全体では多いかもしれませんが、中には料理が得意な男性もいます。よく考えると、日本料理の板前さんとか洋食のシェフって男性が多くないですか？男女の差よりも個人の差の方が大きいということです。数字や技術関係は男性の方が得意というのも思い込みです。小規模企業では、夫が営業を担当する社長で、妻が経理を担当する専務というケースがよくあります。中小企業の経営相談で社長に財務のことを尋ねると、「経理は妻に任せているので分かりません」という男性社長も見かけます。数字に弱い女性が経理を担当できるでしょうか。

また、女性がリーダーに向いていないと考えるのは、日本の昭和世代だけです。世界に目を向けると、女性の首相や総裁、大臣などいくらでもいます。日本に女性リーダーが少ないのは、今まで多くの組織に「ガラスの天井」があって、女性がトップになる機会を与えられず、またそのための育成もされて

こなかったからです。最近は女性社長も少しずつ増えていますが、依然として昭和頭の男性が「社長が女性で大丈夫か」などという発言がなくなりません。自動車の運転も、昔はハンドルを回すのが重くて力のある男性の方が操作しやすかったかもしれませんが、今はそんなことはありません。農村地域に行くと、多くの女性が高齢でも軽トラックをブイブイ言わせながら走り回っています。

　いずれも、男女差よりも個人差の方が大きいので、男だから女だからと決めつけてはいけません。以前に東京オリンピック組織委員会の会長が「女性がたくさん入っている理事会の会議は時間がかかる」と発言して、世間から非難されました。これは典型的なアンコンシャス・バイアスで、本人は悪意なく（無意識に）発言しただけです。男性でも話好きの人は多いし、女性の話がいつも長いわけではありません。さらに言えば、男性だけでものごとを決めていくと多様な意見が反映されないので、今の時代には良い結論に至りません。その会長は辞任しましたが、本人は後日「本当の話をするので叱られる」と言っていて、何が悪かったのか分からなかったようです。

▶アンコンシャス・バイアスに気付くには

　それでは、アンコンシャス・バイアスに注意するにはどうすればいいでしょうか。日々の生活で大事なのは、今まで当たり前だと思っていたことでも「これはアンコンシャス・バイアスじゃないかな」「思い込みじゃないかな」と一歩止まって考えてみることです。そして何よりも、社外のさまざまな人の意見

や話を聞いたり、意見交換をすることです。必ず視野が広がり、それまで気が付かなかったことに気付くでしょう。そのためにはワーク・ライフ・バランスを重視して、仕事を効率よく進めてプライベートの時間を確保する必要があります。また社内で議論するときも、なるべく多様な視点を取り入れるようにします。管理職だけとか同じチーム内だけよりも、多様な年齢の男女とか、違う部署同士で意見交換する方が、意外な意見が出て自分のアンコンシャス・バイアスに気付かされることが多いと思います。

　社員研修で複数企業の社員が参加するオープン型の研修では、実施する際になるべく違う会社の人が集まるようにグループ編成して、グループワークを行います。それが受講者の大きな気付きにつながり、受講アンケートの中で「他業種の話が聞けて勉強になった」「他社の話から気付くことがあった」などの感想が寄せられます。「会社の常識は社会の非常識」と言われるように、会社の仕事だけで生きていると、気が付かないうちに「井の中の蛙大海を知らず」状態に陥ってしまいます。

　このように、アンコンシャス・バイアスに注意するには、自分で一瞬立ち止まって考えてみること、そしてなるべく多様な経験をしたり多様な意見を聴く機会をつくったり、自分の考え方の視野を広げる努力をすることが大事になります。

（4）組織の成功循環モデル

　高い成果を出す組織を作るための考え方に、マサチューセッツ工科大学のダニエル・キム教授が提唱した **「組織の成功循環**

モデル」というものがあります。そのモデルでは、組織運営について、結果の質、関係の質、思考の質、行動の質の４つの質でとらえます。そして何を最も重視するかの違いによって、バッドサイクル（悪循環）とグッドサイクル（好循環）を説明しています。次の図を見ながら、お読みください。

【組織の成功循環モデル】

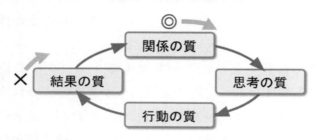

バッドサイクル
①**結果の質**：成果が上がらない
②関係の質：対立、押しつけ、命令
③思考の質：面白くない、受身で聞くだけ
④行動の質：自発的・積極的に行動しない
⑤結果の質：さらに成果が上がらない

グッドサイクル
①関係の質：お互いに尊重し、一緒に考える
②思考の質：気づきがある。面白い
③行動の質：自分で考え、自発的に行動する
④結果の質：成果が得られる
⑤関係の質：信頼関係が高まる

　まず、**バッドサイクル**はこのような組織です。とにかく**結果の質**を重視して、結果を追い求めます。それで結果が出ないと責任の押し付け合いなどで、人間関係がギクシャクします。そうするとメンバーの気持ちが後ろ向きになり、前向きな思考をしなくなります。そして目標に向かう積極的な姿勢がなくなり、行動の質も下がります。その結果、さらに成果が上がらず上司が叱責したりして、人間関係がさらに悪化します。このような

悪循環のパターンがバッドサイクルです。今の日本では、若手社員の離職につながるパターンです。

　もう１つの**グッドサイクル**はこのような組織です。まず一番に**関係の質**として人間関係を重視し、お互いを尊重したコミュニケーションを行い、上司も部下と一緒に考えます。そうすることで新たな気付きがあり、仕事が面白くなります。すると自分でも前向きに考えて、自律した積極的な行動が増えます。その結果、成果が上がってみんながポジティブな気持ちになり、人間関係がさらに良くなります。このような好循環のパターンがグッドサイクルです。あなたの会社やチームはどちらですか？

　この30年間、日本はオーナス期に入ったにも関わらず、多くの企業は右肩上がりの時代の経験をもとに組織運営してきたため、以前のように成果が上がらず悩み続けてきました。そのような状況では、なぜ以前のように結果が出ないのかと、結果の質を最優先に求めてきたバッドサイクルの組織が多いと思います。特に営業部門の場合が、典型的な例として分かりやすいでしょう。営業部門の上司は、売上目標や利益目標の達成を最優先に考えます。そのこと自体は悪くありませんが、そのために何をどのように実行していくか、それを部下とよく話し合うことが大切です。そこを部下任せにしておいて数字だけを追い求め、「なんで目標まで行かないんだ！」「目標との差を何が何でも埋めろ！」などと部下を叱責している上司はいませんか？　パワハラ防止法ができた今の時代でも、「注文を取ってくるまで絶対に戻ってくるな！」「目標達成できない者はこの部には不

要だ！」などとパワハラ発言をする上司がいると聞きます。そういう組織はバッドサイクルに陥って人間関係が悪化し、いくら尻を叩いても成果が上がらなくなります。そして、若手社員の離職が発生します。第1章で紹介した、若手社員が離職する理由のトップが「職場の人間関係」というのも、納得できるのではないでしょうか。

▶スポーツチームの場合

　組織の成功循環モデルの理解を深めるために、一例としてまたスポーツの世界に置き換えて考えてみましょう。昭和の時代から中学校や高校の部活動では、まず活動の結果が重視されてきました。監督・コーチが明らかな体罰やパワハラに当たる言動を繰り返しても、大会で優勝すればすべてが許されました。長時間練習と同様に、怒って厳しく指導することが良い結果につながると考えられていました。生徒たちは、怒られないようにと委縮しながら頑張って練習を続けます。完全な主従関係で反対意見は許されません。そのような状況で、チーム内の関係の質が高まると思いますか？　関係の質が悪くなると、監督・コーチへの反感だけでなく仲間同士で足の引っ張り合いやいじめも発生します。振り返ると、過去にそのような事件もありました。

　昭和時代には根性である程度の結果が出ていましたが、欧米の指導法を学んだ監督・コーチが生徒主体の練習法を始めると、昭和型のチームは以前のようには勝てなくなりました。そうすると、監督・コーチはますます怒って厳しく指導します。結果の質を第一に求め、完全なバッドサイクルに陥っている状態で

す。そのうち、怖い監督が当たり前だった高校野球の世界で、のびのび野球と言われる強いチームが徐々に出てきました。そういうチームは、監督が生徒を信頼し、生徒に練習メニューを考えさせたり、生徒同士がお互いにアドバイスしたりします。チームの関係の質が良い状態です。会社の職場でも同じようなことが言えると思いませんか？

▶関係の質を高める

　では、**関係の質**を高めるにはどうすればいいでしょうか。これは良好な人間関係を構築することであり、コミュニケーションの問題になります。コミュニケーションを良好にするためには、まずは毎日のあいさつからです。上司の方は、朝の出勤時から退勤時まで元気で明るいあいさつを意識していますか？
また、上司から部下への声がけも有効です。部下は声をかけてもらうと、上司が自分のことを見てくれている、関心を持ってくれていると感じます。逆に2、3日間1回も声をかけられないと、自分の状況をちゃんと分かっているのかな、関心がないのかな、などという気持ちになります。部下から上司に声をかけるのは、若い部下ほど遠慮してしまうことが多いので、ぜひ上司から部下全員にそれぞれ1日1回は声をかけましょう。部下が100人いるとちょっと難しいですが、意識すれば20人程度であれば問題なく声をかけることができます。声がけをすることが重要なので、仕事以外の雑談でもかまいません。
　そして、コミュニケーションで最も大事なことは、役職に関係なくお互いを尊重する意識を持って、相手の話を最後までよ

く聴くこと、すなわち**傾聴**することです。上司がほかの仕事を
しながら部下の話を片手間に聞いたり、話を途中でさえぎって
意見を言ったりすることはないでしょうか？　今の時代に成果
を上げる上司は、管理・監督型ではなくコミュニケーション型
です。心当たりのある上司は、コミュニケーション研修などを
受けて**コミュニケーションスキル**を向上させましょう。それが
若手社員の離職を抑え、チームの成果を上げることにつながり
ます。

(5) 心理的安全性

　チームの関係の質を高めるために、知っていただきたいキー
ワードが「**心理的安全性**」です。この言葉は、働きやすく成
果を上げる職場を作る上で注目されています。心理的安全性
（Psychological Safety）とは「周囲の反応や評価を気にするこ
となく、誰もが安心して発言や行動ができると感じられる状態
のこと」で、1999年にハーバード大学のエイミー・エドモンド
ソン教授が提唱しました。その後、米国のGoogle社が実施し
た大規模労働改革プロジェクト「プロジェクト・アリストテレ
ス」の成果報告として、「心理的安全性は成功するチームの構
築に最も重要なものである」と結論付けたことで脚光を浴びま
した。このGoogle社のプロジェクトは自社の世界180のチー
ムを対象に、生産性の高いチームにはどのような共通点がある
のかを調査したプロジェクトです。その調査の結果、最も関係
していたのが心理的安全性で、次いで信頼性、構造と明瞭さ、
仕事の意味、インパクトなどが必要だということが明らかにな

りました。

　心理的安全性の高いチームは、新たなアイデアをうまく活用できて収益性が高く、離職率も低いことが分かりました。そのようなチームでは、何を言ってもメンバーから非難されたり馬鹿にされたりすることがないので、安心して思ったことを遠慮なく発言することができます。また、多少リスクのあることでも上司は承認し、必要に応じてサポートしてくれるので、メンバーは安心して実力を発揮してチャレンジングな仕事に取り組むことができます。日本でも働きやすい職場として「風通しの良い職場」とか「何でも言い合えるフランクな関係」などと言われますが、それに近いイメージではないかと思います。さて、あなたの会社、職場の心理的安全性はどうでしょうか？

▶心理的安全性を高める

　チームの心理的安全性を高めるには、メンバー全員が年齢や性別などに関わらずお互いの立場を尊重し、相手への感謝の姿勢を示すことが大事です。立場が違っても、気持ちの上では縦ではなく**横の関係**を意識して接しましょう。また、職場では「**お互いさま**」や「**ありがとう**」の気持ちを持って、お互いに協力し合いましょう。私の経験では、「ありがとう」という言葉が飛び交っている職場は、明るくて良い雰囲気を感じます。

　そういうチームを作るには、まず**上司の率先垂範**がカギになります。組織の雰囲気や空気感に最も影響を与えているのは、その組織のトップの言動です。会社であれば社長、部署であればそこの長、チームであればそのリーダーです。部長が変わっ

たら部内の雰囲気が明るくなった、うるさい課長に変わったら
みんなの表情が暗くなった、そういう経験はありませんか？
「お客様を見て仕事をしろ」とよく言われますが、会社員であ
ればお客様とともに上司の言動もよく見ながら仕事をしていま
す。組織の方針や考え方をよく理解して仕事を進めるためにそ
れは当然ですが、仕事をスムーズに進めるために上司の性格や
考えを把握したり、場合によっては顔色を窺うことも実際には
あるでしょう。私自身も管理職時代に感じましたが、とにかく
部下は上司のことをよく見ているので、それだけ影響が大きい
ということをあらためて認識するべきです。

　上司が部下に接するとき、立場としては一段上でも上から目
線ではなく、ぜひ**横の関係**を意識してみてください。今まで役
職者として、威厳ある態度を取らなければと考えていた人は、
急に言われても難しいでしょう。まずは雑談などの機会に、**自
己開示**してみてください。何かの機会をとらえて、自分の失敗
談やプライベートについて話すのです。立場が上の人が弱みを
見せると、部下はなぜか安心します。また、部下に対して相談
はいつでもどうぞというオープンな態度を取ることも大事で
す。そして相談に来たら、必ず最後まで話を傾聴しましょう。
いつも忙しいと言っていたり難しい顔をしていると、部下は相
談しにくくて嫌な緊張感のある職場になってしまいます。

　誤解してはいけないのは、部下の意見をよく聴くことは大事
ですが、何でもその通りにするということではありません。優
しい上司、ゆるい職場が良いと言っているわけではありません。
今の若手社員は、この会社で働くことで社会人として成長して

いけるだろうか、ということを強く意識しています。ゆるボスのゆるい職場だと、若手社員は自分の今後の成長に不安を持って転職を考えます。ゆるくてもダメ、厳しすぎてもダメという難しい時代になりましたが、上司は部下としっかりと意見を出し合って、組織の方針と異なることは指導し、必要に応じて注意します。注意する際には、部下に対して感情的に**怒る**のではなく、部下が納得するまで冷静に説明して**叱る**ことが大切です。放任主義は絶対にダメ、甘やかす過保護や口を出し過ぎる過干渉も相手の成長にとってマイナスという点で、私は部下指導と子育てのコツは同じだと考えています。

▶心理的安全性の高い会議

　また、職場全体だけでなく会議でも、心理的安全性が高いと有意義な会議になります。**心理的安全性の高い会議**を行うには、会議冒頭で参加者が守るべき共通のルール（グラウンドルール）を説明し、それを徹底すると効果があります。議題にもよりますが例えば、役職に関係なく全員が発言する、簡潔に発言する、愚痴・不満ではなく建設的な発言をする、発言に対して否定・非難しない、話は最後まで聴く、決議事項についてあとから文句を言わない、などです。逆に心理的安全性の低い会議とは、「こんなこと言ったら笑われそう」とか「とりあえず黙っておくのが得策」と思う人が多くて、あまり意見の出ない会議です。あるいは、上司が一方的に意見を述べて「ほかに意見のある人は？」と聞いても、みんなが下を向いて誰も発言しないような会議です。あなたの会社で、そういう会議はありませんか？

ぜひ心理的安全性の高い職場を作り、心理的安全性の高い会議を行いましょう。そのためにはメンバー全員の気持ちや考え方が大事なのですが、キーパーソンは組織のトップ、上司だということをあらためてお伝えします。

第3章

業務改善

業務改善とは、日々行われている業務を改善して、品質や生産性の向上などを目指す活動のことです。もともとはトヨタ自動車など日本の製造業の現場で、小集団活動、ＱＣサークル活動と呼ばれて行われていました。それが徐々に広まって、「カイゼン（kaizen）」と呼ばれて世界中の製造業で行われるようになり、今では小売・サービス業や医療業界などの他業種でも行われています。

　業務改善活動は、一般的には製品・サービスの品質向上を目指す場合が多いのですが、ここでは特に業務の効率化、生産性向上のための活動について述べていきます。業務改善は働き方改革成功の要件の１つで、現場の働き方改革は業務改善だと言っても過言ではありません。いかにメンバーが業務上の改善点について考え、それを実際に行動して仕事の進め方を変えられるか、それがポイントです。本章では、そのためのヒントになる切り口や考え方についてご説明します。

 ## 業務改善の進め方

（1）社内体制と実際の流れ

　社内で働き方改革として業務改善を進めていくために、まずどのような体制で進めるかを検討します。すでに社内で何らかの小集団活動を行っている場合は、それをベースに働き方や仕事の進め方をテーマにして活動を続ければいいと思います。そうではなく、新たに働き方改革に取り組もうという企業の場合

は、大きく分けて次の３つのパターンがあります。

▶トライアングル型

　１つ目は、社長などの役員が総責任者、働き方改革担当者として人事担当の社員、そして実際に業務改善を進める現場部門のリーダー、という**トライアングル型**です。働き方改革をうまく進めている中小企業によく見られる体制です。それぞれの役割としては、役員は定期的に進捗状況の報告を受けて、何か気になる点があればアドバイスし、また全社的に働きかけが必要な場合は自ら行います。人事担当者は、全社の働き方改革の担当者として、現場部門のリーダーと相談しながら一緒になって進めていきます。またトップへの報告も行います。現場部門のリーダーは、人事担当者からアドバイスを受けながらチームの中で実際に後述のカエル会議などを行い、具体的な業務改善を進めていきます。人事担当者がトップと現場部門の間に入って調整することで、全体的にスムーズに進められます。トライアングル型のポイントは、現場部門のリーダーに誰を選ぶかです。部門長が良いというわけではなく、改善意識の高い中間管理職や中堅社員をアサインした方が若手社員からの意見が出やすくなります。その場合には、働き方改革リーダーとしての業務も通常業務と同じく、大事な１つの業務として評価してください。

▶モデルケース展開型

　２つ目は、もう少し規模の大きい企業の場合で、トップ了解のもと人事部門が推進者となり、パイロット的に社内の１部門

を対象に業務改善を進めていき、効果が出てきた後に他部門に展開して行く、**モデルケース展開型**です。ある程度以上の企業規模になると、働き方改革を全社的に一気に進めるのは至難の業です。意識改革のための研修などは何回かに分けて行えば可能ですが、業務改善は各職場によって状況が異なるため、全社を同時並行的に進めるのはなかなか難しいと思います。そのため、まず1つの部門を対象に実施してみます。その際は1つ目のパターンと同様の推進体制になります。対象部門は、例えば残業の多い部門なども考えられますし、まずは率先垂範で人事部門が自らやってみるという企業も多いです。

▶プロジェクト型

　3つ目も、同じように規模の大きい企業の場合で、トップ了解のもと人事部門が事務局となり、各部門から代表メンバーを選出して、全社プロジェクトとして働き方改革を進める**プロジェクト型**です。この場合、各部門からの代表メンバーをどのように選出するかが悩ましいところです。この代表メンバーが自部門をまとめて実際に推進していくので、成功するかどうかのキーパーソンになります。人事部門が指名すると各部門の当事者意識が薄くなりますし、各部門に任せると適当に時間のある誰かを選ぶということも発生します。各部門に選出してもらう場合には、いくつかの条件を付けて部門長推薦でメンバーを出してもらいましょう。そして定期的にプロジェクト会議を実施して、情報共有しながら共通の認識を持って各部門で進めていきます。また、プロジェクトというのは通常は期間限定です

が、働き方改革は継続することが大事なので期限はありません。あくまでも全社的に働き方改革を浸透させるためのプロジェクト、という位置付けになります。

　以上３つの推進体制パターンをご紹介しましたが、その企業の社風や組織体制、業種などによって事情が異なりますので、貴社に合った進めやすい形をぜひご検討ください。

　さて、社内推進体制が固まった後、実際の業務改善を行う流れについてご説明します。働き方改革における業務改善の進め方は、①理想の職場（ゴールイメージ）を共有、②現状把握、③問題点の整理、④要因分析、⑤改善策の検討、⑥実施と振り返り、という流れになります。そして⑥の後にはまた②に戻って、ＰＤＣＡサイクルとしてそれを継続的にぐるぐると回していきます。この各ステップにおいて、基本的には後述のカエル会議を行って全員で話し合います。職場で業務改善を行うには、単純に改善のアイデアを出し合って検討すればいいと思っている方もいます。しかし、それでは隠れた問題点が出てこなかったり、表面的な対応で終わってしまって根本的な改善につながらないことが多いので、ステップに沿って進めることが必要です。それでは、各ステップについてご説明します。

【業務改善活動の進め方】

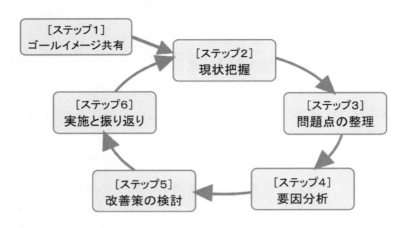

▶ゴールイメージの共有

　まず、**①理想の職場（ゴールイメージ）の共有**ですが、これはありたい姿について話し合い、イメージを共有したり目標を設定したりすることです。イメージとしては、メンバーにとってその理想の職場で働いているシーンが見えるような文章が最適です。例えば、「職場のメンバーがお互いに仕事をカバーし合い、みんなが笑顔で働けるような職場」「社員同士が積極的なコミュニケーションで連携を取り、早く帰れる職場」などです。これも他社の真似をしても意味がなく、メンバー全員で自由に意見を出し合って、それをもとに一文にまとめることで当事者意識が出てきます。また、目標については定量的な目標を設定すると、実施後に評価しやすくなります。例えば、「全員が残業ゼロで働く」とか、従業員満足度調査を毎年実施している企業では「全体の平均満足度を 0.5 ポイント上げる」などです。

ただし、上司がその数字ばかり気にして実際の改善活動が疎かになると、メンバーのモチベーションが下がって逆効果になります。もしそのような懸念がある場合には、定量的な目標を設定しなくても働き方改革は可能です。

▶現状把握

次に②**現状把握**です。現状把握の方法などについて詳しくは後述しますので、ここでは全体の流れの中で簡潔にご説明します。現状把握とは、会社や職場での現状の働き方はどうなっているのか、現状では各人がどのような業務を行っているのか、そのような実態を把握することです。それを理想の職場と比べたときのギャップが改善すべき問題点になります。人事部門で全社的に数値を出せるものもあれば、職場の実態を現場で確認すべきものもあります。いずれにしても、現状を間違って理解してしまうと問題点を考えるときにもピントがズレる恐れがありますので、しっかりと現状を把握することが重要です。

▶問題点の整理と要因分析

そして、③**問題点の整理**です。まずは、現在の仕事の進め方についてみんなはどう思っているかを聞いてみましょう。「問題点を挙げてください」と言うとメンバーの気持ちが構えてしまうので、カエル会議で日頃気になっていること、どうにかしたいと思うこと、困っていることなどを聞いてみてください。多くの意見が出るためには、心理的安全性の高い会議にすることが必要です。出てきた多数の意見を分類して整理し、改善策

を検討する優先順位をつけます。

　その問題点について、メンバー全員で④**要因分析**を行います。要因分析とは、その問題点に関係していることは何か、そうなっている真の原因は何かを考えることです。問題点の中には、要因分析するまでもない単純な問題もありますが、一方みんなで真の原因を考えた方が良い問題もあります。そのような問題について、なぜそのようなことが起きるのか、何が原因でそうなっているのかなどを考えます。その際にぜひ「なぜそうなっているのか、ではそれはなぜなのか」を5回繰り返して深掘りしていく「なぜなぜ5回」を行うと、真の原因が見えてきます。

▶改善策の検討、実施と振り返り

　その後の⑤**改善策の検討**については、要因分析により真の原因が見えてくれば改善策は簡単に出てきます。真の原因が分かれば、それを解消するなり裏返しにすることが改善策になるからです。そういう視点から、実行する具体的な改善策を決めて計画を立てます。ネット上で検索すると、働き方改革の成功事例が多数掲載されていますが、改善策も他社の真似をしてもなかなか同じようにはいきません。同業種であっても社風や社員の考え方が違うからです。自社内でボトムアップ型で着実に進めることが、急がば回れです。

　最後に⑥**実施と振り返り**です。仕事のやり方を変えたり、新たなルールを決めたり、みんなで決めたことを実際に1か月以上やってみます。特に新たな問題が出なければそのまま継続し、もし意外な問題が発生したときにはその対策を考えて実施しま

す。働き方改革に終わりはなく、問題なく実行できている場合でもカエル会議を継続的に続けます。そうすることでまた別のテーマや問題点が出てきますので、ＰＤＣＡを回して次の取り組みを検討しましょう。

（2）カエル会議

　働き方改革を進めるためにチームメンバー全員で話し合う会議を「**カエル会議**」と呼びます。カエル会議とは、出席者全員がそれぞれ考えて、情報共有し、意見交換をしながらみんなで進めていく、**心理的安全性の高い会議**のことです。そして「カエル」には、「仕事を振り返る」「働き方を変える」「意識を変える」「早く帰る」「人生を変える」などの意味が込められています。会議のテーマは、理想の職場、現状の問題点、要因分析、改善策の検討、振り返りなどで、業務改善の各ステップにおいて短時間で継続的に行います。改善策のアイデア出しをカエル会議と呼ぶこともありますが、私はすべてのステップで行うミーティングを対象に呼んでいます。具体的なイメージが分かるように進め方の一例を以下に挙げますので、ぜひ参考にして自分の職場ではどういう形が良いか、皆さんそれぞれで考えてみてください。

　まずカエル会議の参加人数ですが、全員が発言することを考えると３名から８名ぐらいが望まし

いでしょう。場所については、会議室がない場合はミーティングコーナーや事務室の一角でもかまいません。そこにホワイトボードか広いデスク、あるいは模造紙を貼れる壁などがあれば、みんなの意見を共有することができます。会議の主催者は、目的やテーマ、実施時間、参加者を決めます。業務改善のために新たな会議が増えて、それが参加者の負担になっては本末転倒なので、1回の時間は30分以内にします。チームのメンバー全員が集まる機会があれば、そこで20分確保するなど、新たな負担にならないように工夫します。そして2週間に1回20分とか1か月に1回30分など、継続的に実施することが大事になります。まさに「継続は力なり」です。

▶会議の進め方

　そして、会議を行う際に出席者全員が守るべきルール（グラウンドルール）を決めます。例えば「会議の目的（ゴール）を明確にして共有する」「役職は関係なく、全員が発言する」「どんな発言でも否定・非難しない」「簡潔に話す」「人の話は最後まで聴く」「愚痴や文句は言わない」「決まったことに後から文句を言わない」などです。要は心理的安全性の高い会議にするために、みんなが守るべきルールです。このルールが共有されていないと、役職者の意見が一方的に通ったり、議論が混乱して結論が出なかったりします。ある企業では、ルールを記載したスライド1枚を会議開始前にスクリーンに映して、参加者への周知徹底を図っています。また、会議の出席者全員に何かの役割を持たせると当事者意識が高まります。例えば進行役とは

別に、タイムキーパーを務める時間係、大きくうなずいたり相槌を打つ反応係、議事録をまとめる記録係などです。

カエル会議で意見出しをする際には、付箋（ふせん）を使います。そうすることで、ダラダラと会話が続くこともなくなり、全員が真剣に考えて、その結果を見える化することができます。付箋に書くときのルールとしては、付箋の向きを全員が揃える、１枚の付箋に１つのことを書く、大きく読みやすい文字で書く、思いつく限りのことを書く、などです。各人が書く時間は３分程度の短時間で「１人10個」などと決めて、集中して考えて書きます。そして書き終わったら、ホワイトボードや広げた模造紙あるいは壁面などに、１人ずつ書いたものを読み上げながら貼り付けていきます。その際、詳細な説明はいりません。２人目以降、似たような内容はその付箋の近くに貼ります。そうすることで、全員が貼り終えるといくつかのグループができますので、それぞれにグループを表すタイトルをつけます。その後そのグループごとに話し合うと、焦点が絞られてより深掘りすることができます。会議のテーマが改善策などの場合は、誰が何をいつまでに行うか、最後に明確にしておくのも大事なことです。

意見出しの際に付箋を使うと、周囲の意見に左右されることなく、また人前で発言するのが苦手な人でも全員が意見を出すことができます。また、貼りながらグループ化することで、誰の意見でも平等に扱われて、全員の意見をスムーズに整理することができます。多くのメリットがありますので、慣れていない場合は内輪で試しに一度やってみてください。業務改善活動

に限らず、意見を出し合うような会議はカエル会議の形にして、会議時間を有効に使いましょう。

(3) 現状把握の方法

　現状把握とは、現在の実態がどうなっているのかを分析して、正確に把握することです。業務改善をしましょうと言うと、何をやったらいいと思いますかと短絡的に意見を集めて実行する人がいますが、これでは根本的な改善にはなりません。業務改善のスタートはまず現状を把握し、理想の職場とのギャップを認識し、そのギャップすなわち問題点の要因を考えてどう解決していくか、それをみんなで話し合うことが業務改善活動です。現状把握については第2章でも少々触れましたが、ここでは4つの方法をご紹介します。

▶実績データの分析

　まず1つ目は、残業時間や有休取得状況などの**実績データの分析**です。これは人事部門が全社的にまとめて分析することが可能なので、なるべく現場の負担が増えないように行います。その際に全社平均や部門別の平均値は算出できますが、注意点は単純にそれだけで判断しないことです。より細かくチーム別、個人別の数値まで見ないと、平均値だけ見ていると実態を見誤る可能性があります。細かく見ていくことで、なぜこのチームは平均残業時間が多いのか、それは全員が多いのか特定の人が突出して多いのか、いろいろと疑問が出てきます。人事担当者は、それをもとに現場の上司にヒアリングをして実態を把握し、

業務改善の進め方を一緒に考えます。残業時間が多い場合は、このあとご紹介する業務工数分析などを行って、何に時間が取られているのか、そこまで分析できると改善策の方向が見えてきます。

　有休取得日数についても同様に個人差が大きいので、社外向けに全社平均日数を公表するのはかまいませんが、社内で業務改善を進める上では、個人別まで細かく見る必要があります。現状を把握するための実績データとして、職種によっては残業時間や有休取得状況のほかに、クレーム発生件数や障害発生件数、歩留まり率などのデータもあります。これらについても同様で、その内容を分類した上で何が多いのかまで分析しないと、件数や率だけでは問題点が把握できません。問題解決には、実際に現場で現物を見て現実を認識して考える**「三現主義」**が重要です。

▶業務工数分析

　２つ目として、現場担当者の働き方の実態を把握するために**業務工数分析**という方法があり、私もサラリーマン時代に職場全体で実施しました。全員の残業が多いけれどその理由がよく分からない、あるいは特定の人だけ残業が突出して多いという場合には、ぜひお勧めします。まず、自分たちのチームの業務を６〜８種類に分類します。営業部門なら、客先対応、資料作成、会議・打ち合わせ、社内調整、メール対応、移動時間、事務作業、という具合です。これは職種によって異なりますので、それぞれ考えてみてください。そして、メンバー全員が毎日どの業務

にどれだけ時間を使ったか、10分か15分単位で細かく記録し、それを1週間続けます。何かフォーマットがないと毎日記録するのが難しいので、Excelを使って入力フォーマットを作って配付するとか、最近では工数管理のためのITツールがいくつも出ていますので、それを利用しても記録することができます。あるいはグループウェアのスケジュール管理機能を使っている場合は、予定・実績入力の際に分類が分かるようにルール化することで、簡単に集計できるものもあります。

　あらかじめ申し上げておきますが、この業務工数分析をチーム全体で実施することを説明すると、今でさえ忙しいのに余計な手間が増えると、ほぼ全員から文句が出ます。ぜひ業務改善によって全員にメリットがあることを丁寧に説明して、頑張って協力を取り付けてください。みんながブツブツ言いながら1週間分を記録したら、それを個人ごとに集計し、さらにチーム全体で集計します。実際に個人の分析結果を見ると、例えば営業なのに実際の客先対応時間は20％で全体の30％が会議時間だったとか、地方であれば移動時間が30％を占めていたとか、必ず新たな気付きがあります。またチーム全体の集計結果でも同様に会議が30％を占めていたなど、実際に何に時間を取られていたかが分かります。そうすると、チームとして本来は何にもっと時間をかけるべきか、そのためにはどうすればいいか、何が原因なのかと、業務改善の議論が進みます。

▶カエル会議の活用
　3つ目は、業務改善の「問題点の整理」ステップにも入りま

すが、メンバーがどう思いながら働いているのか、どのように考えているのか、**日頃思っていることを集めて現状を把握する**ことです。毎日ボーっと働いている人はいないので、「この業務は何とかならないかな」とか「なんでこうやるんだろう」など、必ず何か思っていることがあります。それを理想の職場像を共有した後、次のカエル会議で全員が出し合います。その際に「現状の問題点を出してください」と言うと後ろ向きの発言が増えるので、「時間や手間がもったいないと思うこと」「どうにかしたいと感じること」「なぜこうしているのか疑問に思うこと」「仕事の進め方で何か気になること」などを聞いてみてください。あまり意見が出ないときは、**「当たり前だと思うことを疑ってみましょう」**と、視点の切り替えを促します。そこで出た意見を内容によって分類すれば、現状の問題点や改善点が見えてきます。

▶アンケートの実施

　最後に、シフト勤務や物理的な距離などがあって全員が一堂に会するのが難しい場合は、**無記名式のアンケート**で同様のことを聞く方法もあります。カエル会議は継続的に行うことでメンバー間のコミュニケーションが向上するメリットもありますが、情報を収集し共有することはアンケートでも可能です。従業員アンケートを行ったことのない企業のトップや人事担当者は「ウチの社員はこういうのに慣れていないからちゃんと書くかなあ」と心配しますが、心配無用です。カエル会議で付箋を使うのと同じように、みんな何か書こうと思うとちゃんと考え

ます。本音を書いてもらうためには無記名式にして、聞き方は
「現状の問題点を書いてください」ではなく、会議と同じく具
体的に書きやすい質問文にしてください。実際にアンケートを
行った企業では、「予想外に多くのことが書かれていて驚いた」
「社員の本音が初めて分かった」などとトップや人事担当者が
おっしゃいます。もし書かれている内容で気になることがある
場合には、関係者に直接ヒアリングして内容の理解を深めます。
大事なのは、ボトムアップ型で現場の声をもとに業務改善、働
き方改革を進めていくことです。

(4) 要因を分析する

　現状を把握した後、優先度の高い問題点についてその**要因分
析**を行います。要因分析とは、その問題点に関係していること
は何か、そうなっている真の原因は何かを考えることです。問
題点の中にはすぐに解決できる問題もありますが、みんなで真
の原因を考えた方が良い問題もあります。例えば「ユニフォー
ムが古くなって清潔感がない」という意見は人事総務部門で予
算を確保すれば対応できるので、どのようなユニフォームが好
ましいかという解決策をみんなで考えればいい話です。一方で
「残業が多い」「クレームが多い」という問題は、その真の原因
を追究する必要があります。そのような問題については、何が
原因でそうなっているのかを全員で考えます。その際にぜひ「な
ぜそうなっているのか、それはなぜなのか、ではそれはなぜな
のか」と、５回繰り返して深掘りしていく**「なぜなぜ５回」**を
行うと、真の原因が見えてきます。原因を深掘りしていかない

と表面的な対応策にとどまり、根本的な改善につながりません。また「誰が悪い」と追及しても根本的な改善にならないので、**「何が原因か」**を深掘りして追究します。

　例えば「クレームが多い」問題について、「Ａさんの対応が悪い」と挙げて短絡的に「Ａさんが応対研修を受けるべき」と解決策を考えても、また別の人のクレームが発生して全体ではクレームがあまり減りません。クレームが多いのであれば、過去の実績を分析してどのような種類のクレームが多いのか、その原因は何なのかを考えることが必要です。例えば商品知識の不足が原因であれば、

「なぜ商品知識不足なのか？」→「必要な研修を受けていないから」

　　→「なぜ必要な研修を受けていないのか？」→「研修計画がないから」

　　→「なぜ研修計画がないのか？」→「全社的な研修体系がないから」

　　→「なぜ全社的な研修体系がないのか？」→「必要性を感じていなかったから」

ということで、人事担当者が中心となって全社的な研修体系を整備することが必要だという結論になります。もちろん、各社の状況によって結論は異なります。大事なことは、表面的な対応策にとどまることなく、原因を深掘りして真の原因を追究し、根本的な解決策を見つけることです。

▶特性要因図の活用

　また、要因を分析する手段として**特性要因図**を用いる方法も
あります。特性要因図とは、ある結果（特性）に対して影響を
与えている要因を整理してまとめた図で、特性の原因を追及す
るために使うツールです。特性には「残業が多い」などの問題
点を挙げて、その結果に対する原因（要因）を書き出しながら
整理して考えていきます。特性要因図は形が魚の骨に似ている
ことから、フィッシュボーンチャートと呼ばれることもありま
す。

【特性要因図の例】

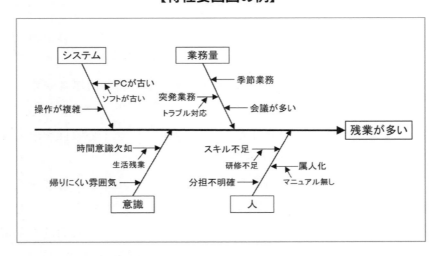

　それでは、簡単に書き方をご説明します。

①現状の問題点を「特性」として右側に書いて、一番太い右
　矢印の背骨を書きます。

②特性に影響を与える大きな要因を考えて、それを背骨に向

けて大骨として書きます。

③その大骨に、各要因を掘り下げた細かい要因を中骨、さらに小骨として書きます。

注意点としては、**「特性」**に課題ではなく問題現象を書くことです。「残業を減らすには」と書いてしまうといろいろな解決策が出てきてしまい、要因の深掘りになりません。「残業が多い」と書いて、あくまでもその要因を深掘りして考えるのが目的になります。また、②の大きな要因は文章ではなく単語で、③も単語や簡潔な言葉で書きます。実際にやってみると、特に②の大きな要因に何を書けばいいのか、慣れていないと少々難しいかもしれません。検討メンバーに特性要因図を書いたことのある人を入れるか、全員が初めての場合は誰かが問題解決研修を受けたり、外部のアドバイザーを入れると良いでしょう。

特性要因図は要因を洗い出すためのツールで、清書してプレゼン資料に使うようなものではありませんので、美しく書く必要はありません。また1人では多くの要因が思い浮かばないので、数人でワイワイガヤガヤしながら書いていくのが効果的です。そうすることでいろいろな要因を書き出しながら、こういうこともあるよね、これはどうなんだろうと、問題の原因を広く考えることができます。また一通り書き終わったものを眺めると、重点的に改善すべきテーマや優先的に取り組むべきことなどが見えてきます。それをメンバーの共通認識として、方向性を統一した上で改善策を検討、実行することでスムーズに業務改善が進められます。要因分析を行った後には具体的な改善策を考えていきますが、そのヒントになる切り口をご紹介します。

(5) ECRSで考える

　業務改善策を検討するときに考える切り口として、「ＥＣＲ
Ｓ」があります。これは４つの英単語の頭文字を取った言葉で、
具体的には次の４つのことを意味します。

　１．排除（Eliminate）

　２．結合（Combine）

　３．交換（Rearrange）

　４．簡素化（Simplify）

▶排除

　それでは、この４つについてそれぞれ説明していきましょう。

　まず「排除」というのは、「その業務自体をなくせないか？」
ということです。そう言われて、「日々業務が回っている中で
そんなものないよ」と思った人はいませんか？　ぜひ一度立ち
止まって、ひとつひとつの業務について「当たり前を疑う」こ
とから始めましょう。どこの職場でも、必ず排除できるものが
見つかります。

　例えば、社内会議。会議については第４章で詳しく説明しま
すが、あなたが参加している会議でマンネリ化している会議は
ありませんか？　もしその会議をなくしたら、どんな問題が起
きますか？　この問いに対して明確に答えられない会議は、一
度やめてみましょう。業務改善のコンサルティングでそういう
アドバイスをすると、そんなことは一度も考えたことがなかっ
たと皆さんがおっしゃいます。会議に限らず「なくせないか」「な

くしたらどんな問題が起こるのか」、ぜひ当たり前のことを疑ってみましょう。最近、自治体などの組織で「脱ハンコ化」が急速に広がりましたが、これも「ハンコを押す」という業務自体を排除した一例と言えるでしょう。

　もう1つ、実際に行った「排除」の例を挙げます。最近は書類の電子化が進みましたが、業種によっては請求書や明細書などを大量にお客様へ郵送する業務があります。そのような業務では、書類自体に印字したあて先と封筒に印字したあて先が違ってしまい、大変なクレームになるということが発生します。いわゆる書類の入れ間違いです。サラリーマン時代に、そのような業務のあるコールセンターで対策を検討しました。すぐに考えつくのは、封入作業の際に作業者とチェックする人の2人組で行うことです。それでも手作業で行う仕事では、ミスはゼロにはなりません。そうすると、チェックする人をもう1人増やして3人体制にしようと考える人が多いのですが、それは逆効果です。作業者を含めて3人体制になると、それぞれが「ミスは誰かが見つけるだろう」と全員の気が緩み、結果的にミスは減りません。

　ではどうしたかと言うと、封筒を窓付き封筒に変えて、書類のあて先印字部分が窓から見えるようにしたのです。そうすれば、封筒にあて先印字をしないので、入れ間違いの発生はゼロにできます。まさに封筒自体への印字業務を「排除」したことでミスがなくなり、大幅に業務効率が向上しました。もちろん、単なる白封筒よりも窓付き封筒の方が費用は若干上がります。それでもミス発生時の後処理を含めた業務全体での費用対効果

を考えれば、きわめて有効な対策です。その証拠に、最近では銀行やクレジットカード会社などが発送するこの種の封書は、ほとんどが窓付き封筒になっています。

▶結合、交換

　2つ目の「結合」というのは、「何かと何かを一緒にできないか？」ということです。この切り口では、似たようなメンバーでやっている会議が複数ないか、似たような業務をやっている人が複数いないか、業務が大変だからと分業し過ぎていないかなどを振り返ってみます。あなたの職場で思いつくことはありませんか？　そういえば重複する部分があってあれはムダじゃないかな、と思うことはありませんか？　それらを一緒にしたら何か問題が起きますか？　業務分担に関わることは管理職も含めて話し合わないと変えられませんが、誰かが提案しないと何も変わりません。あなたの会社、職場の中でぜひ探してみてください。

　3つ目の「交換」というのは、「何かと何かを入れ替えられないか？」ということです。入れ替えたらどうなるかを考えてみる対象は、業務手順や人員配置などです。特に業務手順について、あれを先にやっておいたらもっとスムーズに進められるのに、と思うことはありませんか？　もちろん、その手順がコンプライアンスやリスクマネジメントの面から必要なことであれば、多少面倒だと思ってもそれに従う必要があります。そうではなく、以前からの慣習や特定の人への忖度からやっているものであれば、十分に改善の余地があります。何か気になるこ

とがある人は、一度検討してみてください。

▶簡素化

　最後の「**簡素化**」というのは、「何かを単純にできないか？」ということで、文字通りシンプルにしようという切り口です。どこの会社、職場でも見つかりそうなのは、書類の簡素化です。書類についても第4章で詳しく述べますが、例えば定期的に提出している報告書の項目や枚数。これについても初心に返って、なぜその項目が必要なのか、その報告書は誰が何に使っているのか、関係者とぜひ具体的に議論してみてください。必要最小限の内容にあらためて見直すことで、書類が簡素化できます。そういう機会を設けて幅広く見直しを行うことで、職場全員の業務が効率化できます。

　一般的には、ＥＣＲＳはその順番で効果が大きいと言われており、「排除」が最も効果的な改善策になります。業務そのものをなくしてしまうのですから、たしかに効果は大です。しかしＥＣＲＳはあくまでも考える切り口なので、その順番は参考程度にして具体的に思いつくことから、関係者で検討して1つずつ実行してみるのが大事なことです。

2 業務効率化の代表例

（1）探す時間は生産性ゼロ

　私は働き方改革に関する研修やセミナーの際に、**「働き方改革の第一歩は、整理整頓」**とお話しています。「整理整頓しましょう」というのは、誰でも小学生のころから学校や家庭で言われてきたことで、社会人になってもよく言われます。よく言われるというのは、裏を返せば世の中の多くの人ができていないということです。それもそのはずで、あなたは整理整頓の仕方をどこかで習いましたか？　企業の製造現場などでは「５Ｓ（整理、整頓、清掃、清潔、しつけ）」の徹底がよく言われています。これには企業間の差が大きく、業績の良い製造業では全員に周知徹底されていますが、掛け声だけで徹底できていない企業も多く見られます。またどの企業でも、営業部門や管理部門などホワイトカラーの職場では、整理整頓が徹底できていないケースが多いのではないでしょうか。整理整頓には効果的な手順やコツがあるのですが、それを知らないで何となく片付けてもすぐに元の状態に戻ってしまいます。ここでは主に書類や電子データを対象に、整理整頓の仕方を考

えていきます。

▶整理整頓のメリット

　職場での整理整頓のメリットとしては、書類やデータを探す時間が短くなる、メンバー間での情報共有がしやすくなる、保管スペースが少なくできるなど、働きやすい職場作りに役立ちます。特に「書類やデータを探す時間が短くなる」というのは、大きなメリットです。よく考えると、**探す時間は何の付加価値も生み出さない、生産性ゼロの時間**です。明らかにムダな時間なので、なるべく少ない方がいいと誰もが思っていますが、実際にはどうでしょうか。共有キャビネットを見ながら「あの書類が見つからない」とか、パソコンで共有フォルダを見ながら「最新のデータはどこにあるんだ？」などと探すのに時間がかかる場面はないでしょうか？

　例えば、そういう書類やデータを探す時間に5分かかったとしましょう。それが1日に3回あったとすると、1日15分間のムダな時間が発生しています。そういう働き方が1か月（22日）続くとして計算すると、何と1か月間に5時間30分ものムダな時間を費やしていることになります。この探す時間を1か月間で30分に短縮することができれば、同じ働き方のままでも残業時間が5時間削減できます。極端な話に思うかもしれませんが、トヨタ自動車のある部署では、必要な書類を頼まれたときに10秒以内に取り出さなければならない「10秒ルール」が存在するそうです。それができなければ、整理整頓が悪いと評価されてしまいます。

▶整理のコツ

　それでは、整理整頓の仕方についてご説明します。まず整理整頓の意味ですが、「**整理**」とは必要なものと不要なものに分別して、不要なものを捨てることです。そして残した必要なものを欲しいときにすぐに取り出せるように分類して保管するのが「**整頓**」です。ただ見た目が良いように並べたり揃えたりするのは、整列であって整頓ではありません。整理整頓で多くの人が悩むのは、整理することです。ここで皆さんにお尋ねします。この資料は捨てるか取っておくかどうしようかと迷ったとき、あなたは捨てる派ですか？　取っておく派ですか？

　慎重派の人や心配性の人の多くは、取っておく派でしょう。そのような人は、まず自分の身の周りを整理整頓するために、「**整理＝捨てること**」と覚えてください。そして自分なりの**捨てるルール**を決めてください。迷ったときに捨てられないのはルールがないからです。例えば、他者が作成した資料のコピーは保管しない、参加した月例会議の資料は３か月分だけ保管する、外部の参考資料は１年経ったら捨てる、などのルールです。ルールを決めれば、あとはそのルールに従って粛々と書類を捨てるだけで、書類が溜まることはありません。机の上がいつもきれいな人と書類が大量に溜まっている人の違いは、そういうルールを決めているかどうかです。ただし、書類の種類によっては法定保存期間が決められているものもありますので、文書管理マニュアルなどで確認することが必要です。そして定期的に廃棄するために、自分の**整理タイム**を決めてください。例えば、毎週金曜日の 16 時から 10 分間とか、毎月１日の 11 時か

ら15分間とか、扱う書類の量などによって決めてみてください。もし整理が早く終わったら、その時間は別の業務に当てます。

　職場共有の書類についても、考え方は同じです。ルールという点では全社の文書管理規程とは別に、職場独自の文書管理マニュアルがあるでしょうか？　全社規程では実際に扱う書類名などが分かりにくいので、それを具体的な種類や名称に落とし込んだ職場の文書管理マニュアルの作成が必要です。その中に**廃棄ルール**として具体的な時期や方法、責任者などを明記して、全員がその通り行動できるように周知徹底します。そうしないと、例えば法定保存期間を知らずに必要な書類を捨ててしまうとか、逆に書類が大量に溜まってしまったりします。そもそも職場内にどのような種類の書類があるのかが明文化されていない場合は、書類の洗い出しリストの作成から始めてください。その全体像を明らかにする過程で、業務改善のヒントが見つかるかもしれません。

▶整頓のコツ

　書類を整理した後、必要な書類をどのように分類して保管するか、それが整頓です。特に職場で共有する書類は量が多いので、どのように分類するのがいいですかとよく聞かれますが、それは書類の種類や仕事のやり方によって変わります。書類の種類ごとに、誰がどのようなときにそれを使うか、そのときに探しやすい分類方法はどれか、それをみんなで話し合って決めた分類の仕方が一番良い方法になります。書類ファイルの表題には具体的な表現を用いて、またルールを決めて色分けするの

も探しやすい有効な方法です。そして1か月に1回は職場全体の**書類整理タイム**を設けて、上司が率先して書類整理を行いましょう。

▶電子データの整理整頓

　ここまで主に書類について述べてきましたが、**共有フォルダ内の電子データ**についても考え方は全く同じです。まずは、共有フォルダの管理責任者や使い方のルールが明文化されていますか？　それが曖昧なまま使い続けて、今では共有フォルダ内がグチャグチャになっています、という話をよく聞きます。まずは責任者を決めて、勝手にフォルダを作らないとか、直下にデータを置かないとか、ファイル名の付け方とか、使用ルールを明文化して周知徹底することが必要です。そして書類と同様に、個人でも職場全体でも定期的に不要データを削除します。書類と違って電子データはその保存場所が目に見えないので普段は気にしませんが、放っておくとデータ量がどんどん増えていきます。その結果、共有しているファイルサーバの物理的な容量が足りなくなり、最後は使用できなくなります。

　そして共有フォルダがどうしようもないぐらいグチャグチャになっている場合は、最後の手段として共有フォルダの物理的な引っ越しという方法があります。これも実際にやったことがありますが、費用もかかりますし3か月ぐらいかけてプロジェクト的に実行計画や改善策を検討する大掛かりな活動になります。そうならないためにも、書類や電子データを定期的に整理整頓することは重要な業務の1つと考えて、上司が率先して進めるべきでしょう。

（2）業務を見える化する

　「見える化」とは、文字通り目に見えないものを具体的に誰にでも見える形に変えて共有することです。業務上のいろいろなものを見える化することは、職場の業務改善につながります。一番よく言われているのが、各人の業務内容の見える化です。特にベテラン社員が担当業務を1人でこなしていて、本人以外はその内容が分からない状態を「**属人化**」と言いますが、属人化には組織にとってのデメリットがいくつも存在します。属人化している業務は、客観的に見ればもっと効率的なやり方があっても、本人以外に仕事のやり方が見えないため改善することができません。また、業務上どのようなリスクがあるのかも本人以外は分からないため、リスク対策が検討できません。一番困るのは、その本人が急に休んでしまう場合です。体調不良の日もあるでしょうし、最近ではコロナ感染で急に1週間出社できません、という事態が起こる可能性もあります。そうすると、その業務を誰もカバーすることができず、突然クレームが来たり、予想外の混乱が起きたりします。

▶標準化のためのマニュアル

　このような業務の属人化を解消するために、最近ではどこの企業でも業務の標準化、マニュアル化を進めています。**標準化**というのは、一番効率的な業務の進め方を検討して、その業務を担当する人は誰でもその通り同じように進めることです。その進め方を誰にでも分かりやすく見える化したものが、**業務マ**

ニュアルです。あなたの職場では、主要業務のマニュアルや手順書は揃っていますか？

　企業を訪問した際、業務マニュアルが揃っているかどうかを尋ねると、一番多い答えが「一応あるんですけど古いままなので誰も使っていません」というもの。以前に誰かがせっかく時間をかけて作ったのに、これはもったいないことです。なぜそうなってしまったのかというと、そのマニュアルの更新ルールが明確になっていないからです。ぜひ重要な業務の１つとして一度マニュアルの内容を更新し、有効活用しましょう。そしてそのマニュアルの最終ページに、いつ誰が更新するかを具体的に、例えば「毎年４月に田中さんが」と個人名で明記しておくことが、作りっ放しにならない秘訣です。

▶マニュアルの作成手順

　それでは、まだマニュアルがない場合はどのようにして作ったらいいのか、その進め方とポイントをご説明します。全体の流れとしては次のようになります。

　①対象業務の洗い出し、標準化

　②媒体、書式、構成の検討

　③担当者や期限など進め方の検討

　④作成作業、進捗確認

　⑤作成マニュアルの検証、修正

　⑥責任者の承認、組織内で共有

　媒体や書式というのは、例えば Word の文章か、PowerPoint 資料か、最近では動画のマニュアルもあります。職種によりま

すが、実際の動作や作業のマニュアルは動画の方が分かりやすくて効果的です。最近の若手社員の中にはスマホ1つで動画撮影と編集ができる人もいますので、協力してもらうと意外と簡単に動画マニュアルが完成できます。また、動画以外の媒体でも作成担当者は若手社員にした方が、分かりやすい良いマニュアルができます。ベテラン社員だと業務に精通しているため、どこまで書いたらいいのかが分かりません。マニュアルのたたき台をベテラン社員に作ってもらい、若手がそれをブラッシュアップするのも良い方法です。若手がベテランに分からないことを聞きながら作成することで、若手自身の勉強にもなりますし、誰にでも分かるマニュアルが完成します。作成後に大事なことは、管理職や部門長が組織の正式なマニュアルとして承認し、関係者に周知徹底することです。そのステップがないと、せっかく作っても一部の人しか利用しない「個人的に作ったマニュアル」になってしまいます。

▶マニュアルのメリットと注意点

　マニュアル作成のメリットとしては、業務の属人化を解消して標準化を進めることで、組織全体が効率的に業務遂行できます。また、担当者が急に休んでも他の人がある程度業務をカバーすることができます。そして、業務マニュアルや手順書自体が新人の有効な教育ツールになります。新人に口頭で何度も説明して「前にも教えただろう、分かったか？」と繰り返すよりも、基本的な資料を読んだ上で実務をさせる方が、新人は何倍も速く業務を覚えます。業務マニュアルや手順書を最初に作る人は

大変ですが、それは後々まで活用できる組織の財産になります。管理職がその重要性を認識して、片手間に作らせるのではなくマニュアル作成を業務目標の１つとして、しっかりと評価することが大事です。

　細かいことになりますが、実際に紙（と言っても電子データでしょうが）のマニュアルを作成する際に注意すべき点を挙げていきます。まず文章は、ビジネス文書全般について言えることですが、あいまいな表現ではなく数字や固有名詞を使った具体的な表現にします。主語を省略せず、５Ｗ１Ｈを意識して書きます。ダラダラ文は避けて、簡潔な文章や箇条書きを多用します。実際の作業内容と注意点は一緒に書かれると流れが分かりにくくなるので、欄を分けて別に書きます。全体は標準的な流れで作成し、例外対応がある場合はそれも分けて書きます。マニュアルの１ページ目には、その業務全体の流れが分かる**業務フロー図**を付けます。これがあると業務全体のイメージが把握できるため、内容の理解が早まります。また、新入社員が入ってきたり人の出入りが多い組織では、マニュアルの１つとして**用語集**を作るのも有効です。皆さんも新人のころ、専門用語や社内用語の意味が分からず苦労しませんでしたか？　新人には、最初に用語集を渡してなるべく意味を覚えるようにしてもらうと、先輩が毎年同じことを新人に説明する必要がなくなり、業務の効率化になります。

▶その他の情報共有

　マニュアルと合わせて、各社員のスキルを一覧にした**スキル**

マップを作成している企業もあります。スキルマップとは、誰がどのようなスキルを持っているかを見える化した一覧表で、システム開発職や技術職などでは一般的なものです。営業職や事務職でも、技術的な項目ではなく業務を細かく分解した項目にして、担当者ごとに〇△×などで評価できます。毎年それを見直して本人評価と上司評価のすり合わせの場を設けると、育成計画にも役立ちますし、本人の成長意欲も高まり、離職防止にも効果があります。また、誰かがコロナ感染などで数日間出社できなくなった場合、その業務を誰がカバーできるかがすぐに分かります。

　そのほかにも見える化の例として、グループウェアなどでチーム全員のスケジュールや休暇予定をお互いに見えるようにする、というのも業務効率化に有効です。そうすることでお互いの動きがよく分かるので、仕事を依頼したり相談するときに段取り良く進めることができます。来週の水曜日に仕事を手伝ってもらおうと思い、打診してみたらその人は休暇予定だったということはありませんか？　来週上司の承認をもらおうと思って資料作成していたら、その週は上司は出張続きで不在だったということはありませんか？　お互いの予定が見えると、それを前提に仕事の段取りを考えられるので、効率的に進めることができます。

　営業部門では、ＩＴツールを使って商談状況を共有したり、客先に好評だった資料を共有して効率的に資料作成したりしている企業があります。各個人が自分のノウハウは人に見せないと考えるようなチームは、今の時代に成果を上げることはでき

ません。個人商店の集まりでは目標が達成できない、今や**チーム戦の時代**です。各自の経験やノウハウをいかに共有して有効活用するか、それを考えるのも営業マネージャーの重要な仕事です。

それ以外にも、職場内で先輩から引き継いでいる慣習や暗黙のルールなどがあれば、まずはそれが本当に必要かどうかを議論し、必要なルールは明文化しましょう。それを紙に書いてどこかに貼って見える化することで、ルールを守る意識が徐々に薄くなることを防ぎます。

(3) 制度整備の進め方

第2章で働き方改革成功の4要件として、**トップの本気度、意識改革、業務改善、制度整備**を挙げ、ここまで主に意識改革や業務改善について述べてきました。ここでは社内制度の整備を進めるにあたり、注意したい点をご説明します。まず、働き方改革関連法に従って残業規制や有給休暇制度などを見直し、就業規則や社内規定を改定するのは、法令遵守の観点から絶対に必要なことです。最近では育児・介護休業法の改正やパワハラ防止法など、労働関係の法改正が続いており、社内体制の実態が追いついていない中小企業もあります。法令に基づいて社内制度や体制を整えることは、企業の規模や業種に関わらず経営者としてやるべき基本的な事項です。

そして、社員のモチベーションを上げて離職を防ぐために、基本的な制度以外にどのような制度やルールを設けるか、それが人材確保のための一手段になります。大事なことは、どのよ

うな制度を設けるか、それを現場の意見を聴きながらボトム
アップ型で検討することです。カエル会議やアンケートを行っ
て、営業や製造など現場担当者の考えや要望を知ることが重要
です。現場社員の意見を聴くと勝手なことを言い、実現できな
いことがたくさん出てきてかえって不満が増す、だからあまり
聴かないと言う経営者もいます。しかし現場社員の本音を聴か
ずに、多くの社員に喜ばれる制度を作れるはずがありません。
カエル会議やアンケートを実施する際に、トップの意思や実施
目的、社員のメリットなどを丁寧に説明し、十分に理解しても
らった上で行えば、社員の不満は増えません。そして中にはお
金や時間のかかる要望事項も出てきますが、それは会社として
の中期的な課題と位置付けて、短期的に可能なことをなるべく
早く実現します。働き方改革を推進する人事部門が机上で考え
るのではなく、**現場の意見を聴きながら制度を検討すること**が
成功のポイントです。

　一例として、コミュニケーション不足を補うためのランチ会
補助制度というものがあります。「世代間のコミュニケーショ
ンを良くするために、管理職と部下でランチに行った場合に会
社がお金を補助する制度」です。このような制度がある企業で
も、目的通りうまく行っているケースと、そうでないケースが
あります。うまく行っていないケースは、トップからの指示に
より人事部門が制度を作り、現場の声が反映されていないこと
が多いのです。そして、管理職は必ず毎月最低４回は部下とラ
ンチに行き、誰と行ったか実績を人事部に報告するというルー
ルがあったりします。このような制度を作ったある企業の管理

職から「趣旨は良いと思うけど、もっと自由に使えないと制度自体が負担でプレッシャーになっている」という声を聞きました。もちろん、経理処理の問題や悪用防止などもありますが、現場実務者が使いやすい制度でなければ、せっかく作っても意味がありません。あなたの会社の制度はどうでしょうか？

▶制度検討のヒント

　そういう意味で、カエル会議などで業務改善を進める中で、こんな制度があったらいいよねという意見が出てきたら、それが制度整備の一番のヒントになります。大企業に比べて中小企業の方が柔軟で迅速な対応ができるので、社員の声をもとにユニークな制度を作っている中小企業が多数あります。例えば、北海道の保育園が導入した**「推し休暇」**。これは職員が自分のお気に入り、いわゆる「推し」を楽しむための休暇で、有給休暇に加えて年間10日間取れます。ほかの中小企業で導入したユニークな休暇制度として、**「二日酔い休暇」**や**「失恋休暇」**などもあります。大企業の役員などが、ふざけてるんじゃないかと言いそうですが、自分たちも真剣に考えるべきです。こういうユニークな取り組みはメディアに取り上げられたり、それを学生へのアピールに使うことで、実は企業のイメージアップになります。学生から見ると、社員のことをよく考えてくれる会社、柔軟な発想ができる会社、新しい取り組みに積極的な会社という良いイメージになり、人材確保につながります。

　また、東京の福祉関連企業が導入したのが**「残業マント」**。ノー残業デーには全員に定時退社を義務付け、もし残業する場合に

はそのマントを着けて仕事をしなければならないというルールです。そのマントは、紫色の地に黄色の星印が散りばめられた、通称「恥ずかしいマント」です。そんなルールで効果があるのか聞いたところ、「あのマントは着けたくない」という心理的な効果が大きく、残業時間が大幅に削減できたそうです。目的が達成できたので現在このマントは使っていないそうですが、毎月カエル会議を継続していて、会社としての売上、利益とも伸びています。その他、ネット検索すると全国の企業でさまざまな取り組みが紹介されています。内容が同業種だったり同じ課題だったりすると真似したくなりますが、あくまでも参考として見てください。カエル会議などで出てきた現場の意見要望を重視して制度整備を検討していただくことを、ぜひお願いします。

【業務改善策の例】

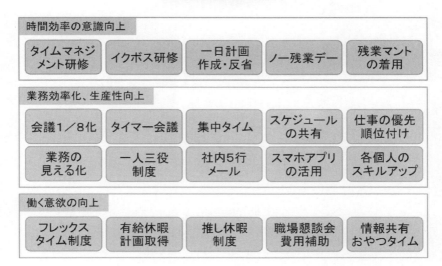

第4章

4大時間泥棒の退治

第3章で業務改善の進め方や考え方についてご説明しました。ここでは、多くのホワイトカラーの職場に共通する**「4大時間泥棒」**を退治する方法について、体験談も交えて具体的にご紹介します。4大時間泥棒とは、**会議、書類、メール、階層**の4つです。これらの業務に多くの時間を取られていると感じる人は多いのではないでしょうか。特に管理職になると、スケジュールが会議だらけという人もいます。あるいは、営業職なのに社内資料を作成する時間が多くて、なかなか外出する時間が取れないという人も見かけます。外国企業に比べて日本の会社は会議が多い、書類が多いとよく言われます。企業や職場によって差はありますが、それだけ改善の余地が大きいということです。それでは、1つずつ考えていきましょう。

会議コストを減らす

　日本の会社は一般的に会議が多いと言われていますが、あなたの会社はどうですか？　そして、会議には多額のコスト（費用）がかかっていることを認識していますか？　一番大きいコストは、費やされている人件費です。あなたが正社員の場合、自分の時給を計算したことはありますか？　毎年もらう源

泉徴収票の支払金額を 12 か月で割って、週休二日制なら 22 日で割って、平均の勤務時間（例えば 8 時間）で割れば、だいたいの時給が計算できます。実際には、会社は社会保険料負担や光熱費、環境整備費用なども含めて、その 1.2 倍から 1.5 倍の費用を負担しています。算出した時給を意識して考えると、例えば 15 人で 1 時間の会議を行うと、15 人分の時給×1 時間分の人件費として数万円がかかっていることになります。

　それ以外にも、その会議のために社内調整したり資料作成する人の人件費、資料を印刷すればその印刷費、会議室の光熱費などが発生します。このように会議には多くのコストが発生しますが、全員がそれを意識して効率的な会議を行っているでしょうか？　そして、それだけコストをかけるだけの有意義な会議を行っているでしょうか？　会議を効率化する一番の目的はコスト削減ではなく、各人の本来業務の時間を増やして早く帰れるようにすることですが、あらためて時間やコストの意識を徹底することも大事なことです。

▶会議をなくす方法

　さて、会議の効率化についてですが、業務改善のＥＣＲＳでご紹介した通り、**会議自体をなくしてしまうこと**が一番有効な対策です。そう言われてそんなことは無理だと思った人は、当たり前を疑ってみましょう。会議は誰かがやめようと言わない限り、増えることはあっても減ることはありません。すでに働き方改革が進んでいる企業を除けば、ほとんどの企業で見直しのできる会議があるはずです。ターゲットは、特に**社内の定例**

会議と報告だけの会議です。まず、毎週または毎月やっている定例会議を思い出してください。参加者がマンネリ化を感じながら続けている定例会議はありませんか？　あるいは出席者が報告するだけで、実質的な議論のない会議はありませんか？もし心当たりがある場合は、その会議をやめたら具体的にどのような問題が起こるかを考えてください。それが明確に回答できない場合は、その会議をなくすことができます。

　私が会議をなくした事例をお話します。以前に勤務していた会社では、どこの部署でも毎週月曜日の朝にメンバー全員が集まってミーティングを行う習慣がありました。ある部署では、部内会議、課内会議、チーム打ち合わせなど、会議だけで毎週月曜日の午前中が潰れていました。双子の子育てのために定時退社を目標に働いていた私は、この時間があまりにももったいないと思い、まず部内会議をやめることを部長に提案しました。部長は「情報共有やコミュニケーションのために必要だろう」と反対するので、「みんな忙しいので、それでは隔週にしましょう」と提案しました。部長は「あいだが２週間も空いて大丈夫か？」と心配したので、「大丈夫ですよ。もし何か問題が起きたら元に戻しましょう」と言って、実行しました。その結果、何の問題も起きませんでした。隔週開催にすると、部長も「今日は部内会議がある週だっけ？」という感じになるので、「いっそこの会議をなくしましょう」と提案し、なくしてみました。それでも何の問題も起きませんでした。変わったことといえば、月曜日の朝に部長だけが暇そうになったことぐらいです。

　よく考えると、インターネットが普及する前の1990年代まで

は、一堂に会さないと情報共有ができませんでした。当時は毎月全国の支店長を集めて会議を行う会社もありましたが、今ならウェブ会議か、一斉メールで情報は伝わります。職場内でも同様で、今なら一斉メールか、グループウェアやポータルサイトなどのITツールを使えば情報は共有できます。また、コミュニケーションを向上する方法は会議だけではありません。ターゲットの会議が思い浮かんだ人は、ぜひ会議自体をなくすことを提案してみてください。その際には必ず**「もし何か問題が起きたら元に戻しましょう」**と付け加えるのが、了解を得る秘訣です。そういう会議をなくしても、実際には99％何の問題も起きません。

▶会議を効率化する方法

そして、整理したあとに残った必要な社内会議について、ぜひ**「会議コスト1／8作戦」**を実行してみてください。会議コスト1／8作戦とは、会議時間を1／2に、開催回数を1／2に、出席者数を1／2にすることです。算数で1／2を3つ掛け合わせると1／8で、その会議にかかる人件費などのコストが1／8に削減できます。時間や回数を半分にするには、会議の主催者が資料を事前に送り、目的を明確にして効率的に会議を運営する必要があります。出席者については、その会議の目的によって必要最小限の参加者を決めて案内します。いなくてもいい人に限って「私に案内が来なかった」と文句を言ったりしますが、そういう人はコスト意識が低いと考えて、右から左へ聞き流すだけです。

そうしてスリム化した会議を運営する際には、タイマーを使った「**タイマー会議**」を実践してみてください。タイマーは、キッチンタイマーやタイマー機能の付いたスマホやタブレットを使います。会議主催者は、事前にその会議の時間配分を考えておき、それに合わせてタイマーのアラーム機能を使います。例えば、「それでは冒頭に部長から一言、3分でお願いします」「それでは事業部から資料の説明を10分でお願いします」と言って、その時間でタイマーのアラームをかけます。時間が来るとタイマーがピピっと鳴って時間を知らせるので、部長の話が5分、10分に伸びることはなく、4分以内に終わります。予想外に資料の説明時間が長くなることはなく、12分以内には終わります。そして1時間の会議が1時間半になることはありません。心当たりのある人は、ぜひタイマー会議をやってみてください。「部長が話をするのにタイマーをかけるなんて失礼だ」などと思う時代ではありません。いかに時間効率を重視した働き方ができるかが勝負になる時代です。

　それから、社内会議に関してもう1つ考えたいのは、**出席しなくてもいい会議には出ない**ということです。自部署が意思決定に関わるとか意見を出す必要がある場合には、適任者が出席します。しかし主催者ではなく、会議開催通知が来たから自部署から代表で誰か1人が出るというケースはありませんか？私もサラリーマン時代によくそういう場面がありました。上司から「この会議に中倉くん出られる？」と聞かれると、その会議の内容を見て「誰かが出なければいけないんですか？　あとで議事録をもらえばいいんじゃないでしょうか」と回答し、自

部署からは欠席にしました。これも身に覚えのある人はぜひ真似して、効率的に働きましょう。

2 書類作成時間を減らす

　最近では書類の電子化が進んでいますが、自社ではまだまだ書類が多いという声をよく聞きます。そして多くの人が、実は書類に関する業務にかなりの時間を取られています。ここでは書類に関する業務効率化の観点から、「書類自体のスリム化」と「過剰品質のムダ」の2つについて、具体的にお話します。

　まずは**「書類自体のスリム化」**です。これは会議に関する考え方と同じで、業務効率化のために一番効果的なのは、その書類自体をなくすことです。そんな書類はないだろうと思う人は、当たり前を疑ってみましょう。狙い目は、**定例的に出している報告書**、例えば月例報告や週報、日報などです。まず、そのような報告書にはどのようなものが

あるかを洗い出し、リストアップします。そして各報告書について、それを誰が何に使っているかを明確にしてください。「部長が読んでいる」ではなくて、部長が読んで何に役立てているかを具体的に書いてください。それがはっきり

と書けない報告書は、なくしても特に問題は起きません。

▶報告書廃止の事例

　私がパソコン関係の営業部門で働いていたとき、同僚社員が毎週月曜日に作成している報告書がありました。外部の調査会社から店頭でのパソコン実売状況のデータを入手し、それを分かりやすく定点観測できるようにグラフ化し、その推移や変化について分析し記述した報告書でした。今ならＩＴ活用でもっと効率的に作成できると思いますが、当時はその報告書を作成するのに毎週月曜日の朝から午後まで時間がかかっていました。そのころ仕事と子育ての両立生活をしていた私は、何か効率化できる業務はないかと常に意識しながら働いていました。自分の業務ではありませんでしたが、作成している彼の時間がもったいないと感じて、「その報告書は誰が何に使っているの?」と聞きました。彼は「本部内の全部長に配付して、読んでもらっている」と答えました。そこで、「全部長はそれぞれこれを何に使っているの?」と聞きました。すると「それは市場動向を把握するためでしょう。詳しくは知らないけど」と答えたので、「本当に必要な人だけに配付すればコピー代が削減できるし、もしこれがなくなったらどう困るのか、全部長に一度ヒアリングしてみたら?」とアドバイスしました。

　彼が全部長に実際に聞き回ってみると、これがないと絶対に困るという人は１人もいませんでした。毎週の市場動向を参考程度に見るために、社員１人が毎週月曜日の半日以上の時間を費やしていたことが判明しました。そこで上司とも相談した上

で、毎週の報告書は廃止して、必要なときに必要な形を要求してもらえば半日以内に作成しますという通知を全部長に出し、毎週月曜日の報告書作成業務を廃止しました。それ以降、彼は月曜日の朝からプロモーション企画業務に専念できて、表情も明るくなりました。その後、「オンデマンド型に変更してどのくらい要求が来てる？」と彼に聞いたところ、「全然来てない」と嬉しいような寂しいような表情で笑いながら答えました。このような業務の見直しをしなければ、彼はずっと毎週月曜日の多くの時間を参考資料の作成に費やし続けたことでしょう。あなたの職場で思い当たる報告書はありませんか？

▶週報廃止の事例

　ほかにも、ある営業部門に異動したところ、そこでは毎週月曜日の朝、全員が30分以上かけて「週報」を作成して、サーバ内の共有フォルダに保存していました。週報の内容は、先週の主な報告と今週の主な予定、それとトピックスというものです。目的は上司・同僚との情報共有とのことでしたが、その時間がもったいないと思い、なくしたら誰が困るのかを議論しました。個別の報告・相談は日々行っているし、お互いの行動はグループウェアで分かるし、情報共有というけれど何のために何を共有するのか、話し合いました。トップの部長が「全員の動きを把握するために必要」と言い張るので、残念ながらそのときには週報は廃止できませんでした。私は心の中で「みんなが書いたものを読むことで部長が安心するだけ。そのためにどれだけの時間＝人件費をかけているのか。部長の本来の仕事は

違うだろ」とつぶやきました。その後、人事異動で新部長が着任したときにあらためて提案し、この週報は廃止しました。

▶書類の簡素化

このような活動で不要な書類をなくして書類の種類を減らした後は、その書類自体の**簡素化**に取り組みます。社内様式の決まった書類もあると思いますが、ここで言っているのは具体的に**どのような項目で書くのか、全体で何枚以内にするのか**、などです。例えば、新入社員にはしばらくの間、日報を書いてもらう職場が多いと思いますが、フリーフォーマットというのが一番困ります。新人はどのような内容をどのくらいの量で書いたらいいのか分かりません。文章量が少ないといけないと思い、必要以上に時間をかけて書きますが、それは時間のムダです。そのほかにも、各種報告書でやたらと記入する項目が多いものや、チェック項目が多すぎて形骸化しているチェックリストなど、あなたの職場にありませんか？　それらについて、**目的は何か、なぜその項目が必要なのか、今でも必要なのか**など、前例踏襲ではなく項目や量を減らす方向で議論してみてください。書類がスリム化できれば、それを使用する人全員の時間が削減できて、大きな業務効率化につながります。

▶過剰品質のムダ

書類に関してもう１つ挙げた「**過剰品質のムダ**」とは、主に資料作成の際に必要以上に手間暇をかけることです。上司などから依頼されて資料を作成するときには、テストと違ってこれ

で満点という基準がありません。そのため、不足を指摘されないように考えて、どうしても内容が過剰になりがちです。多めに作った資料について依頼人と打ち合わせして、余分な所をそぎ落とすことでより良い資料になるという考え方もあります。たしかに作成資料のブラッシュアップは必要ですが、それは程度の問題です。残業して一生懸命に大量の資料を作成しても、そこから何割もの部分を削って最終資料になるのであれば、時間のムダです。また、詳しく説明した方が分かりやすいだろうと考えて分厚い会議資料を作成しても、参加者がざっとしか読まないのであれば、それも時間のムダです。これらを**過剰品質のムダ**と呼びます。悪く言えば、こんなに時間をかけて頑張って作ったという自己満足にしか過ぎません。上司の側も「よく頑張ったね」などと、資料の厚さやかけた時間を評価するべきではありません。同じ成果を出すのに、いかに時間をかけずに効率的に進めたかを評価するべきです。どのようなビジネス文書でも、その基本は**「要点を簡潔に」**書くことです。ですから、どうすれば簡潔に書いて言いたいことが伝わるか、それを意識しながら資料を作成することが重要です。

▶QCDで手戻りをなくす

　また、上司などから資料作成を依頼されたとき、できたと思って見せると「いや、そうじゃなくてこうして欲しいんだけど」と言われたことはありませんか？　微修正の発生は仕方ありませんが、大幅な修正ややり直しが発生すると、それまでにかけた時間の多くがムダになります。この大幅な修正ややり直しの

ことを「**手戻り**」と言います。ＩＴ業界では、システム開発で手戻りが発生すると計画よりも納期が遅れ、開発コストも大幅に増えて赤字に陥ることがあるので、手戻りの発生に注意して開発を進めます。資料作成の際には手戻りを発生させないために、依頼者と事前にＱＣＤを確認しておくことが大事です。

　ＱＣＤとは、Quality（質）、Cost（コスト）、Delivery（納期）の頭文字をとったものです。「**質**」は、資料作成においては技術的な品質ではなく、アウトプットイメージと考えてください。資料は Word か PowerPoint か、何枚程度か、全体構成はどういう項目にするか、必ず入れることや強調したいことは何か、などを作成前に依頼者とすり合わせしておきます。さらに中間報告をして意見をもらえば、手戻りが発生することはなくなります。「**コスト**」には発生費用はもちろん、それにかける時間も含まれます。あらかじめイメージを合わせておけば、あとから「そんなに時間をかけなくてもよかったのに」と言われることはありません。「**納期**」は、それをいつまでに完成させるかの期限です。上司から「できれば今週中に」などとあいまいに言われたら、何月何日何時までと具体的に期限の認識合わせをします。そうすれば、期限に関する勘違いや意識のずれは発生しません。ＱＣＤについては、業種によって Risk（リスク）とＳ（Service サービス、Sales セールス、Safety 安全）を加えて、仕事に取りかかる前に**ＱＣＤＲＳ**を確認することを推奨しています。それは手戻りをなくして、全体として仕事を効率的に進めるためです。

メール時間を減らす

　現在、ホワイトカラーの職場ではほとんどの人が毎日電子メールを使っています。しかし、日本企業の職場で一般的に電子メールが使われるようになってから、実はまだ二十数年しか経っていません。そのため、電子メールは紙の文書のようにどの企業にも共通するルールがまだ確立しておらず、個人や職場によって微妙に異なっています。また、現在の中高年層はある時期に若手に聞きながら、何となく電子メールを使い始めた人が多く、我流になっているケースを見かけます。一方で、最近の若者はスマホ1つで何でもこなすため、パソコンで電子メールを書いた経験がない新入社員も増えています。そのような状況なので、電子メールについての共通ルールを決めて、標準化を行うことで業務改善が期待できます。電子メールを効率的に使うためのルールは多数ありますが、ここでは基本的な4つのルールをご紹介します。

　①要点を簡潔に書くこと

　要点を簡潔に書くことは、ビジネス文書全般に共通することですが、電子メールの場合は特に文章量を少なくするように意識する必要があります。メールの文章が長ければ長いほど、それは二重の時間泥棒になります。10行、20行と長いメール文を考えながら打つのには、かなり長い時間がかかります。その時間がもったいないと思いませんか？　そして長ければ長いほど要点がぼやけてしまい、相手に意図が伝わりにくくなります。

もっと大事なことは、長い文章のメールを送信すると、受信した相手もその文章を読むのに多くの時間を取られるということです。メールのメリットを生かして複数人に一斉送信すると、それを受信した人全員が読むのに余計な時間を取られて、いわゆる時間泥棒されます。ホワイトカラーの職場で業務工数分析をしてみると、メール処理に意外と多くの時間を取られていることが分かります。そのためメールの文量を極力少なくするために、「社内メールでは『お世話になっております』は不要」とか「社内メールは基本5行」というルールを設けている企業もあります。書く内容にもよりますが、何十行にもなるのであればWordで簡潔に書いてメール添付してもらう方が、読みやすく印刷もしやすくなります。ぜひメールを受け取る相手の立場になって、要点のみを簡潔に書くことを心がけましょう。

②本文では具体的な表現を使うこと

電子メールは、文字だけのコミュニケーションでしかも簡潔に書くため、書き手の意図が誤解されやすいツールです。電子メールは基本的に相手に誤解されるものと考えて書くように、と指導している人もいるぐらいです。そのため、あいまいな表現を使うと誤解されたり、認識違いを起こすことがしばしばあります。例えば、返信を求めるメールの文中に「なるべく早く返信をお願いします」と書いてあったら、あなたはいつまでに返信しようと考えますか？　その内容にもよりますが、周りの3人ぐらいに聞いてみてください。おそらく「半日以内」「2、3日」「今週中」など、人によって認識がバラバラになります。あいまいな表現だと、それを読んだ人によって受け取り方にば

らつきが出るのです。読み手の認識が書き手の意図と異なる場合、トラブルが発生して余計な手間がかかります。

そうなることを避けるためには、極力具体的な表現を使うことです。具体的な表現の代表的なものは、数字と固有名詞です。期限であれば「5月18日（火）17時までに」というような日付や時間です。「前回の打ち合わせで…」というよりも「前回4月10日の打ち合わせで…」と書けば、勘違いされることはありません。固有名詞というのは、よく言われる人名や地名だけでなく、会議名、プロジェクト名、案件名、書類名、システム名など、文字通り固有の呼び方です。それは誰が読んでも勘違いすることはありません。書き手の意図が正しく読み手に伝わらないと、便利な電子メールを使う意味がありません。そのためには、要点を簡潔に書くとともに、ぜひ具体的な表現を使うことも意識してください。

③件名（タイトル）は具体的に書くこと

あなたは電子メールを送るときにどういう件名にするか、いつも考えて工夫していますか？　読み手に電子メールが届くと受信箱に入って、まず目にするのは差出人、件名、受信日時です。その受信メールの件名が「会議のご案内」「営業状況のご報告」など具体性に欠ける件名だと、読み手はそのメールの本文を開いて読みながら、具体的な内容を徐々に理解していきます。場合によってはもう一度読み直してやっと頭に入ります。そうではなく、受信メールの件名が具体的な表現になっていれば、読み手は本文を開く前に内容が推測できます。例えば「9月20日、第3回営業対策会議のご案内」「A社受発注システム営業状況

のご報告」などです。「この日にこの会議があるのか」「例の案件の状況報告だ」と趣旨が分かってから本文を開いて読むと、読み手は内容がスッと頭に入ります。メールの件名を具体的に書くことで、実は受け取った相手が読む時間を短縮できるのです。また、数字や固有名詞などの具体的な表現を入れることで、毎日大量のメールを受け取っている人にも見落とされないというメリットもあります。メールの件名は具体的に書くこと、それを全員に周知徹底しましょう。

④ＣＣは最小限にすること

　電子メールを送信するときに宛先のアドレスを入力しますが、入力欄にはＴＯ、ＣＣ、ＢＣＣの３つがあります。ＴＯにアドレスを入れる相手は英語の意味の通り、あなたに宛てたメールですよという意味で、いつも使う入力欄です。ＣＣはカーボンコピーの略で、写しとかご参考という意味です。ある年代以上の人なら黒いカーボン紙をご存じでしょう。複写をしたいときに紙と紙の間に挟んで上から書くと下の紙にも写るという、ペラペラなアレです。それと同じようにメールのＣＣは写しなので、ＴＯの人にこういうメールを送ったことを知っておいてください、あるいはご参考に見ておいてください、という意味です。ＢＣＣはブラインドカーボンコピーの略で、アドレスを他の送信先の人に見られたくない場合に使います。ＣＣとＢＣＣの違いがよく分からない人は、ネットなどで調べて必ず確認してください。ここで強調したいのは、メール送信するときにＣＣに入れる人を必要以上に増やさないということです。メールの一斉送信は簡単にできるため、一応念のためとか思い

つく人はすべてと考えて、やたらとＣＣ先の多いメールを送る人がいます。それを受け取ったＴＯの相手が全員返信で返すと、ＣＣ先も含めて全員にまたメールが届きます。そういうことの多い職場では、メンバーの受信箱がメールの洪水になっていて、メール処理に時間を取られて大変ですという声を聞きます。ＣＣに入れる人をみんなが必要最小限にすることで、電子メールに取られる時間を短縮することができます。さらに、メールのマナーを知らない人が自分はＣＣ先であるにも関わらず「了解しました」などと全員返信で返したりします。ＣＣの人は返信不要なのに、そういう人がいるとメンバー全員に必要のない**ゴミメール**が届きます。そうすると全員が何だろうと一応メールを開くので、その数秒間でも組織全体としては多くのムダな時間が発生することになります。

　以上の４つ以外にも、効率的に電子メールを使うためのコツやマナーがあります。ぜひ全員が電子メールの基本的な書き方、使い方の研修を受けて、自分たちで守るべき電子メールのルールを明文化し、徹底することをお勧めします。

 ## 階層の手間を減らす

　企業の組織は、経営トップを頂点としたピラミッド型が多く、それに合わせて役職者が存在します。そして大きい組織ほど、社長、役員、支配人、本部長、部長、課長、主任など、その階層は多くなっています。その役職は会社が事業運営するのに必

要と考えて存在しているポジションですが、時代の変化に合わせて柔軟に見直す必要があります。それは、変化が速い世の中で企業も迅速な対応が必要なのに、階層が多いと承認に時間がかかってタイムリーな対応ができないからです。階層の多い企業の経営層や人事部門には、大胆な組織改革が求められています。

　最近では、階層を減らす取り組みやフラットな組織を目指す企業も出ていますが、階層が多くて良いことは何もありません。稟議書（起案）を回して承認を得るのに大変な手間暇がかかるばかりでなく、社内会議も自然と多くなります。本部会議、部長会議、課長会議、連絡会議、各種委員会など、スケジュールが会議だらけになっている管理職はいませんか？　社内組織も会議もスクラップアンドビルドで、全体最適を考えながらスリム化することが必要です。

▶職場での階層のムダ

　職場内においても、階層の手間を減らして業務を効率化することができます。例えば、本部長が会議で発表に使う資料の作成を実務担当者が依頼されたとき、主任と相談しながら案を作成し、課長に見せて意見をもらって修正し、それを部長に見せて意見をもらって再修正し、それを本部長に見せて意見をもらって再度修正して、やっと完成するという経験はありませんか？　私が以前に働いていた職場でも、資料案を直接本部長に見せると「部長は見ているのか」などと確認されるので、組織の階層に沿って一段ずつ上げていく暗黙のルールがありまし

た。その場合、何回も打ち合わせを行うことになりますが、各役職者との打ち合わせ日程を調整してスケジュールを決めるだけでも大変です。また上司が出張などで不在の日もあるので、かなり前に資料案を作成しなければなりませんでした。

【階層イメージ】

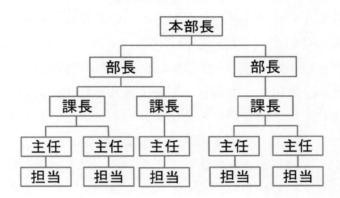

　あるとき、また本部長の発表資料作成を依頼されたのですが、こんなことがありました。いつものように主任と相談して作成した案を課長に見せると、課長は「これも入れた方がいいな」「ここは詳しく書いた方がいいよ」と助言。それに従って加筆したものを「課長には見せています」と言って部長に見せると、「本部長はこういうのが好きだからこれも入れといて」と言い、その通りに加筆しました。ずいぶんボリュームが多くなったけど大丈夫かなと思いながら、本部長に「部長以下と相談済みです」と言って見せると、「うーん、ちょっと量が多いから、こことここは削って。それからここはこう変えて」と指示がありまし

た。言われた通りに修正してみると、「あれ、最初に自分が作った資料案とほぼ同じじゃん！」ということに。結果的に、日程調整して課長や部長と打ち合わせした時間はムダだったことになります。

▶階層のムダをなくす

　毎日少しでも早く帰ろうと努力していた私にとって、この段階を踏む時間がもったいないと考えて、やり方を変えました。「スケジュール上、上司の皆さんそれぞれの時間が取れないから」という理由で、本部長、部長、課長を同時に集めて、資料打ち合わせを1回で終わらせるようにしました。やってみるとそのやり方に対して誰からも文句は出ませんでした。しかも、発表する本部長がこう修正してと言うと、部長と課長は何も意見を言わず、それでいいですと同意するのみ。時間が劇的に節約できて、資料作成業務の効率化ができました。その様子を見ていた同僚たちも「中倉さんのやり方、いいよね」と真似するようになり、職場全体での業務効率化が進みました。資料作成業務に関して、資料の内容を作成する以外に、このような社内調整のためにムダな時間を使っていませんか？

5 効果的なＩＴ活用法

　社内の階層についてもう少し考えてみましょう。大きなプロジェクト案件や多額の費用がかかる施策を実施するには、社内で稟議書を回して承認を得る必要があります。その際に、押印者が多いため最終決裁が実施直前になってしまい、承認ルールが形骸化しているケースもあります。それを改善するためには**電子決裁システム**を導入するのが効果的で、官公庁や大企業ではかなり導入が進んでいます。電子決裁システムで稟議を回せば紙を持ち回る必要がなくなり、また出張中などでも承認が可能なため、決裁時間が短縮できて業務効率化につながります。そして、稟議書が今どこまで承認されているかが見られるため、早く次へ回そうという意識が働きます。催促があるまで稟議書が机の上に放ったままになっているような事態は発生しません。もちろん電子決裁システムを導入するにはシステム投資が必要ですが、そのシステムを使って他の承認の仕組みもペーパーレス化すれば、全社的に大きな効率化が期待できます。

　また、会議について考えてみると、コロナ禍をきっかけに初めて**ウェブ会議システム**を使った人も多いでしょう。コロナ禍の影響で必要に迫られてウェブ会議システムを使ってみると、「わざわざ出張しなくてもこれで問題なく打ち合わせできる」「この業務なら在宅勤務でもできる」などということが分かり、一気にウェブ会議の利用が進みました。特に社内ミーティングであればウェブ会議で十分な場合が多く、今までかけていた旅

費や時間を大幅に削減することができました。コロナ禍がやや収まってくると、中には基本的に全員出社というルールに戻す企業も出てきましたが、それは部下が目の前でパソコン操作をしているのを見て管理職が安心しているだけではないでしょうか。もちろんリアルなコミュニケーションは大事なので、社員が交流を深められるように、毎週何日かは出社するルールにしたり、オフィスを改装して社員が集える場を増やした企業もあります。職場の生産性を高めるために、リアルの職場と在宅勤務、リアルの会議とウェブ会議、それぞれをどう使い分けるかが肝心です。ぜひ現場主体で、働き方について議論しましょう。

▶業務における IT 活用

さて、ＩＴの活用については、企業の業種や規模に関わらず、積極的に推進するべきだと考えています。昨今ではＤＸ（デジタルトランスフォーメーション）やＢＰＲ（ビジネスプロセス・リエンジニアリング）など、言葉が先行している感もありますが、人手不足が続く日本では、生産性向上のためにＩＴ活用は必須です。そういうお話をすると、「工事現場の仕事はＩＴ化できない」とか「接客業だからコンピュータ化は難しい」と言われることがありますが、ＩＴ活用のできる業務が必ずあります。そして柔軟に変化できる中小企業の方が、意外と大企業よりも新しいＩＴ活用、特にスマホ活用で生産性を高めています。例えば、倉庫にある材料在庫やバックヤードにある商品在庫が各人のスマホでどこからでも確認できるようにした企業があります。また、建設業向けのスマホアプリを使って、外注先も含

めて設計図情報を共有している企業もあります。あるいはスマホアプリで勤怠管理を行って勤務管理業務を効率化するとか、スマホのカメラを使って本社から現場作業を指導するとか、事例は枚挙にいとまがありません。企業の業種や規模に関わらず、ＩＴ活用によって業務効率化ができる余地は必ずあります。

そしてＩＴ活用を進める際に重要なことが２つあります。１つは、何に時間を取られているか、どういうミスが多いかなど、現状の問題点とその要因を話し合って、まず**業務改善を進めること**です。その改善のためのツールとして、コンピュータ化やスマホ活用ができないか、具体的に検討していきます。現状の仕事の進め方をそのままシステム化しても、業務効率化の効果はあまり期待できません。もう１つは、管理部門やシステム部門が主導するのではなく、**現場部門主体で検討すること**です。多くの場合、実際の営業部門、製造部門、工事部門など現場の仕事を効率化することで、現場社員のモチベーションが上がって業績アップにつながります。そのためには、業務改善活動もＩＴツール検討も現場部門主体で進め、管理部門やシステム部門はそれをサポートする立場で関わるのが良いと思います。

▶ホームページの重要性

最後に、ＩＴ活用で忘れてはいけない重要なものが**自社ホームページ**です。インターネットの大海の中でウチのホームページを見る人は限られると言う人もいますが、ホームページを軽視してはいけません。どの企業のホームページでも会社案内や事業紹介などのコンテンツは掲載されていますが、最近では人

材採用のために工夫している企業が増えています。それは、意外と学生や求職者が見に来るからです。たしかにダイレクトに見に来る人はあまりいませんが、就活サイトや求人情報サイトで見たり、知人から聞いたりして貴社を知った学生や求職者は、ネット検索してその企業のホームページを必ず見ます。

　ホームページの作り方は時代とともに変わっていますので、そのページ構成を見れば最近リニューアルしたものか、ずいぶん以前の古いままになっているかが分かります。少なくともレスポンシブ対応でスマホでも見やすくなっていないと、今の時代にはそれだけでアウトです。そして学生や求職者がホームページを見たときに、風通しの良い会社であること、働きやすい職場であることなどを訴求することが重要です。しかもいかに分かりやすく伝えるか、写真や動画で紹介している企業もあります。「えるぼし」や「くるみん」認定、「イクボス企業同盟」加入などのほか、働き方改革やダイバーシティ関連の認定企業は、そのことをホームページ上で強くアピールしています。これはまさに営業のためではなく、人材採用のためのアピールです。さらに、社内でソーシャルメディアポリシーを策定し、営業活動だけでなく人材採用のためにSNSを積極的に活用している企業もあります。SNSを活用していること自体が、若者から見ると古い社風ではない、新しいことにも積極的に取り組む企業だという良いイメージにつながります。

　当たり前ですが、ホームページで働きやすい会社であることを具体的にアピールするためには、実際に働き方改革に取り組まないと、魅力的なコンテンツを掲載することはできません。

まずは意識改革、業務改善を進めて、時代に合った社風に変えていくことからです。多くの社内制度を作って募集要項でアピールしても、若者は実際にはどうなのか、その働き方の実態を気にします。これだけ多くの制度を整備しているから良い会社だろうと思って入社しても、その利用実態や社風が入社前の想像と違っていると、若者はすぐに転職してしまいます。人材の獲得と定着のために、まずは働き方改革に取り組んで、それをホームページでアピールしましょう。

第5章

男性育休の必要性

本書の最終章になりますが、ここでは男性の育児休業に関して述べたいと思います。2022年度から、特に男性の育児休業取得を促進する改正育児・介護休業法が順次施行されましたが、男性の育児休業は世代間の意識ギャップの最たるものです。最近の男子大学生や男性新入社員を対象にした調査で、「将来子どもが生まれたら育休を取得したいですか」という質問に対して、どの調査でも約8割が取得したいと答えています。昭和世代には信じられない結果でしょうが、それが今の若者の意識です。したがって、若手男性社員を定着させるには、男性育休の取得に対して組織としてどう対応するか、それを考えることが必須になっているのです。

　ここでは、なぜ男性育休が必要なのか、個人と企業にとってどのようなメリットがあるのか、そしてどう対応すればいいのかについて、述べていきます。特に子育て経験のない昭和世代の男性にとって、本章が男性育休の理解促進に役立ち、男女を問わず部下の育児休業を応援していくための一助になることを願っています。

 # 1　子育ては人生最大のプロジェクト

　日本では高度経済成長期以降、夫は会社で労働に専念し、妻は家で家事育児を行うという男女の役割分担意識が浸透し、子育ては母親の仕事だと考えられてきました。しかし徐々に共働き世帯が多くなり、母親だけが仕事を持って家事も育児も負担

する、いわゆる**ワンオペ育児**が問題になっています。よく考えれば、生まれた子どもは母親の子どもではなく、母親と父親の子どもなので、子どもを育てる責任は夫婦2人にあります。私は「**子育ては夫婦で協力して行う人生最大のプロジェクト**」と考えています。一般的にプロジェクトというのは、ある目標達成のために期間限定で複数メンバーにより行う仕事のことです。子育ては夫婦が協力しながら、両親や地域、行政などと連携して約20年の長期に渡って行う一大プロジェクトと言えるのではないでしょうか。

前述の通り、昭和時代の産業では筋力のある男性が働く方が成果が上がるため、父親は会社で働き母親は家で家事育児を行うという役割分担が、社会全体で効率の良いモデルでした。しかし、今では産業構造も変化して男女を問わず担当できる仕事が大部分となり、法律や環境も変わって共働き夫婦が一般的になっています。そうなると、子育ては夫婦でお互いに協力して行わないと、毎日が回りません。特に1人目の子どもが生まれたときは、夫婦とも初めての経験なので、とにかく分からないことばかりです。自分の親や友人に聞いたり、ネットで調べたりしながら暗中模索で、試行錯誤の連続です。会社で全く前例のない一大プロジェクトの責任者を、突然任されたようなものです。しかも子育ては計画通りに進まないことの連続なので、会社のプロジェクト運営よりも大変です。そしてそのプロジェクト責任者は母親ではなく、子育ての責任者である夫婦2人です。

親は子育てを何年も積み重ねていくことで、多くの新しい経

験をして、多くのことを学び、親も1人の人間として成長していきます。**「育児は育自」「子育ては親育て」**とも言われ、親も子どものおかげで成長させてもらっており、その点で子育ては人生の中で貴重なプロジェクトだと言えます。ですから、男女を問わず親になったら仕事と両立させながら、この貴重なプロジェクトにできるだけ時間や手間をかけたいものです。夫婦によって家庭の事情や会社の仕事内容など条件は千差万別ですが、いろいろな制約条件の下に夫婦で一緒に考えながら工夫していくからこそ、子育ては大変ですが楽しいものなのです。

▶子育てはやり直せない

そして、子どもは毎日どんどん成長していきます。0歳児の子育てはそのときにしかできません。1歳も2歳も同じことで、そのときの子育てをあとから経験することはできません。第2子が生まれて経験することも、第1子のときと全く同じではありません。**子育ては期間限定**で、しかもやり直しができないプロジェクトなのです。長時間労働生活で子育てができなかった父親は、あとになってもう少しやりたかったと後悔しても何もできません。社長が**男性育休100%宣言**を行い公表した企業は、2023年7月時点で160社を超えてさらに増え続けていますが、その中には自分の後悔を若手社員にさせたくないと考えて宣言された社長もいます。企業のトップや幹部の男性で、子どもから「お父さんにお世話してもらった記憶がない」と言われた人はいませんか？　あるいは、自分が子育てを全く知らないことに、孫が生まれて初めて気が付いた人はいませんか？　昭和の

働き方が当時は正解だったとしても、今の時代には通用しません。ぜひ会社を挙げて、男女を問わず子育ての応援をお願いします。

　最近では、法改正もあって男性育休の取得が世の中の話題になっていますが、実際には子育ては１、２年で終わるものではありません。０歳のときが一番大変で、徐々に楽にはなっていきますが、小学生になってもいろいろと手間がかかります。共働きが当たり前になった現在、出産後に父親が何週間、何か月か育休を取得しても、それで子育てとの両立問題が解決するわけではありません。父親の育休明け復帰後の働き方も、実は大きな問題なのです。育休復帰後に早く帰宅する努力をせず、以前と同じ長時間残業生活に戻ってしまっては、元の木阿弥です。結局、母親がワンオペ状態となって心身ともに疲弊してメンタル疾患になるか、両立困難で退職することになってしまいます。男性育休は取得することが目的ではなく、育休期間に育児に従事することで、その後の長い子育てに向けてのトレーニング期間と考えるべきでしょう。子育ては、約20年の長期に渡る夫婦の一大プロジェクトなのですから。

 ## 出産直後が大問題

　2022年度から順次施行された改正育児・介護休業法では、男性版産休制度とも言われる**「産後パパ育休」**制度が創設されました。産後パパ育休は育児休業制度とは別に、子どもの出生日

から8週間までに最長4週間、必要に応じて2回に分けて取得できます。この制度が創設された一番の理由は、母親の産後うつの予防です。**産後うつ**とは、出産後数週間から数か月の間に気分の落ち込みやイライラを感じる、うつ病の一種です。厚生労働省研究班が2016年度までの2年間で妊娠中や産後1年未満に亡くなった女性357人を調査した結果、死因の1位は自殺でがんを上回る102例でした。出産後の女性はホルモンバランスの乱れや産後の身体の痛みなどがあり、心身ともに大きな負担がかかります。しかも、出産直後の赤ちゃんは夜中も3時間おきに授乳が必要な上におむつ替えもあり、親は慢性的な睡眠不足に陥ります。ウチの場合は双子だったので、どんな状況だったかは想像にお任せしますが、真剣に「人間は睡眠不足で死ぬことはあるのかな」とフラフラの頭で自問しました。この新生児のときに母親が1人で家事や育児をこなすのは大変で、家族のサポートがないと心身ともに疲れ果ててうつ病になってしまうのです。ですから、産後パパ育休制度を使って夫が出産直後の家事や育児に従事することは、妻と子どもの命を救うことにつながります。なお、最近では育児に従事する男性が増えるとともに、父親の産後うつも徐々に増えていますので、夫婦でよく話し合ってお互いにサポートすることが大事になっています。

▶出産は大けがと同じ

　ここで、ある助産師さんから聞いた出産に関する話をご紹介します。私自身が勉強不足だったこともあり、聞いたときは衝

撃的だったのですが、特に男性は妊娠・出産について学ぶ機会がなく、知らない人も多いのではないでしょうか。よく「出産は病気じゃないから、問題なければ入院は出産後1週間だけ」と聞きます。それを聞くと、「出産ってそのときは大変だけど、その後は大したことないもの」と誤解しがちですが、とんでもないことです。その助産師さんは、母体に対する出産のダメージが全然知られていないと言って、このような説明をしてくれました。

・出産時の出血量は、ペットボトル1本分（200〜500ml）。
　しかも4人に1人は500ml以上の出血。
・産後は胎盤が剥がれ、お好み焼きと同じくらいの面積の傷ができる。出産は全治2か月の交通事故と同じ大けが。
　精神面も考慮すると「全治3か月の入院加療を要す」状態。
・母乳は血液でできているので、母乳育児の場合、1日約1,000mlの献血をしているのと同じこと。

　あなたはこういうことをご存じでしたか？　私はこの話を聞いたとき、「ウチはさらに双子だったし今考えるとかなり無理をさせたな」と大いに反省しました。父親になる男性はこの話を聞いても、仕事が忙しいとか迷惑をかけるから育休は取れないと考えるでしょうか。また、その上司は男性育休の取得を勧めずにいられるでしょうか。あらためて、学校教育も含めて男性がもっと妊娠・出産について学ぶべきだと痛感した話でした。

▶産後クライシス

　そして、出産直後に関する話題として忘れてはいけないのは、

「産後クライシス」です。皆さんは「産後クライシス」をご存知ですか？ 妻の夫に向けられていた愛情は、出産を境にほとんどが赤ちゃんに向けられます。夫は妻が急に冷たくなったと感じ、妻は赤ちゃんの世話が大変で夫のことは二の次になります。これが「産後クライシス」と呼ばれる現象で、産後2年以内に夫婦の愛情が急速に冷え込み、それが原因で離婚に発展する夫婦が増加しています。その産後クライシスを乗り越えられるかどうかは、妻の出産直後から夫がサポートするかどうかが重要な要因になります。

　また、東レ経営研究所の渥美由喜氏が発表した「**女性の愛情曲線**」というグラフがあります。それによると、結婚直後の愛情は夫に向けられていますが、妊娠期から出産直後は子どもへの愛情が上昇し、夫への愛情は一気に下がります。注目すべき点は、夫への愛情がその後徐々に回復していくグループと、低迷したままのグループに二極化することです。子どもの乳幼児期に「夫と2人で子育てした」と回答した女性たちの夫への愛情は回復し、「私1人で子育てした」と回答したワンオペ育児の女性たちの愛情は低迷します。要は、妻の夫への愛情が回復するか低迷したままになるかは、子どもの乳幼児期に夫が一緒に子育てをやったかどうかが分かれ目なのです。そして低迷グループは、将来の仮面夫婦や熟年離婚につながる可能性が大きいと考えられます。乳幼児期以降も夫婦2人で協力しながら子育てをすると、大変なことや楽しいことの共通体験を重ねることで、お互いに強い連帯感が生まれます。夫婦間のその関係はその後も長く続くので、将来の熟年離婚の心配もありません。

男性育休のメリット

　今まさに、日本では男性育休が大きな話題になっています。「男が育休を取って何するの？」と言っていた 30 年前と比べれば、男性育休に対する世間の理解も徐々に進んでいます。とは言っても、2022 年度の育休取得率は女性が約 80％だったのに対して、男性はたったの約 17％です。2023 年 3 月、政府は男性育休取得率の目標を大幅に引き上げ、2025 年度に 50％、2030 年度には 85％にすることを表明しました。この目標達成を促すために企業に対する支援策も進めるということです。男性育休の取得を促進するのに大事なことは、制度を充実させるとともに、意識改革や業務改善なども合わせて働き方改革を進めることです。いくら制度が充実しても職場が取得できる雰囲気じゃないとか、上司の理解がない、またせっかく取得しても何をやったらいいのか分からない、というのでは実際の取得は進みません。

　男性育休を取る一番の目的は、前述したように産後で体力が低下し精神的にも不安定な妻をサポートし、**妻の産後うつを予防すること**です。また、男性育休は父親となった本人が育児の大変さを体感し、その後の子育てに活かすための**トレーニング期間**でもあります。トレーニング期間として考えると、男性育休の取得期間が 1 週間程度では足りません。1 週間では育児に慣れる前に終わってしまうので、ぜひ 1 か月以上取得していただきたいと思います。それでは、長期間の男性育休を取るメリッ

トについて、男性育休を取得する本人と家族、一方の取得させる企業側、それぞれについて見ていきましょう。

▶男性本人と家族のメリット

　まず、男性本人と家族のメリットについて考えます。もちろん、父親自身は子育てに携わることで、大変ながら楽しいと感じる充実した日々を送ることができます。そしてその後も子育てを長年続けることで、初めての経験を数多く積むことができ、自分自身も成長していることを感じます。ここではそれ以外に、父親が育休を取得してその後も子育てを続けるメリットについて3つ挙げます。

　①夫婦関係が良くなる。

　父親が育休を取得してその後も子育てを続けることで、母親の産後うつを予防し、産後クライシスを乗り越えて、良好な夫婦関係が構築できるのは前述した通りです。もちろん、育休を取ってもほとんど育児をしない「取るだけ育休」では意味がないし、それどころか逆に夫婦関係が悪化してしまいます。

　そして夫婦で子育てを続けていくことで、大変なことや楽しいことなどの共通体験を積み重ね、お互いに共感、相互理解、連帯感が強まります。お互いが子育てのパートナーとして、長年に渡って頑張った戦友のような強い絆ができます。そうなれば将来の仮面夫婦や熟年離婚に

つながることはなく、子育てが終わった後も夫婦円満な人生を送ることができます。

②子どもに良い影響を与える。

　子どもにとって、父親の子育ては多くの良い影響を与えます。母親1人よりも夫婦2人で子どもに対応する方が、工数的に余裕ができるのでより幅広い多くのことができます。そのため、子どもが余計な不安を抱くことなく、安心して成長していきます。そして子どもの興味がどんどん広がり、知的好奇心を伸ばします。さらに、親が手厚くサポートすることで子どもは自信をつけて、自己肯定感が高まります。

　米国のある調査研究では、父親が育児に携わった子どもほど言語能力が優れており、自尊心が高く、学校の成績が良く、うつや不安症になりにくく、学校をずる休みしたり10代で親になったりする割合も低い、という結果が出ています。そして父親が早い時期から育児に参加するほど、子どもは学業に優れ、問題行動を起こしにくくなる、というような結果も出ています。

③ビジネススキルが向上する。

　子育てをしなかった昭和世代の男性にはピンと来ないでしょうが、子育てをすることで父親自身のビジネススキルがアップします。私自身の経験から実感することですが、子育てで鍛えられる能力と仕事上のスキルの多くが共通しています。例えば、相手の気持ちを察しながら話を傾聴して意思疎通するコミュニケーション能力は、子どもに対しても職場の部下や同僚に対しても同様に必要なものです。また、毎日突発的なことが起こる子育ては、会社の仕事よりも臨機応変な対応力が求められます。

それ以外にも、子どもの命を守るためのリスクマネジメント力や、効率的に進めるための段取り力やマルチタスク力など、実は管理職に求められるスキルの多くが、子育てで磨かれます。そういう点で「育児休業」は仕事を休んでいるのではなく、職場を離れて家庭という場所で幅広いビジネススキルを磨いている**「育児就業」**と言うことができます。男性社員が1年間育休を取得した場合、会社や上司としては育児就業のために別会社に1年間出向していると考えるのが適切だと思います。

▶企業側のメリット

　一方、男性育休を取得させる**企業側のメリット**として、次のようなことが挙げられます。

　まず、男性の育児参画への社員の理解が深まり、職場の雰囲気が変わります。世の中で男性育休が話題になっているのを知っていても、どこか他人事だった社員も多いはず。「ついにウチの職場にも出てきたか、業務はどうするんだろう」と、周りの社員も仕事に関して何か変えなきゃいけないだろうという新たな意識を持ちます。そして、これが仕事の進め方を見直す働き方改革のきっかけとなり、職場全体の**業務効率化**につながります。

　そして、その取り組みを公表しアピールすることで、企業イメージが向上して**人材確保**に寄与します。ただしこの効果は「早い者勝ち」で、世の中の動きを先取りしていち早く男性育休に積極的に取り組めば、大いにイメージアップになります。逆に、いつまでも企業トップや管理職の意識が古いまま変わらず、大

半の企業で男性育休が浸透してから動いても何のアピールにもなりません。若手社員からは「ウチの会社は遅れてるよな」「こんな会社では幸せな人生を送れない」と思われると、それが転職の動機になってしまいます。

　また、男性育休をきっかけに社員の多様な事情に配慮した働き方に変えることで、社員の満足度が上がって**離職率が低下**します。社員の意識が変わって会社の雰囲気が変わり、業務改善などの働き方改革を進めることで、会社全体が良い方向へ変わっていきます。男性育休はそのきっかけになるので、そのチャンスを活かすかどうかはトップの本気度にかかっています。このような企業側のメリットについては、長期間の育休を取得した男性がまだ少ないため、なかなか浸透していません。しかし、トップが覚悟を決めて男性育休を積極的に進めている企業は、企業規模に関わらず人材確保に苦労せず、業績も総じて好調です。

▶育休取得者の意識

　男性育休の実績がない会社の経営者の中には、「長期間の男性育休を取って子育てに携わった社員は、そちらに目が向いて仕事に注力しなくなるのではないか」と心配される方もいますが、そんなことはありません。21世紀職業財団が2022年に行った「ダイバーシティ＆インクルージョン推進状況調査」の中で、育休を取得した男性に育休の良い影響について聞いています。その結果は、「職場の人の家庭環境等に配慮するようになった」「効率的に仕事を行うようになった」「仕事に対するモチベー

ションが向上した」について、「そう思う」「どちらかと言えばそう思う」が6割を超え、「視野が広がり、これまでと違った発想ができるようになった」58.8％、「チーム内で積極的な情報共有を自ら行うようになった」52.3％などとなっています。

　また、実際に1年間の育休を取得した男性に、仕事に対する意識が変わったかを聞いてみると、次の2つのことを挙げました。

①1年間もの長い間、育休を取らせてくれた会社や同僚に対する感謝の気持ちが強くなり、今まで以上に頑張って貢献したいと思う。またお互いさまなので、他の人が育休を取るときには今度は自分がカバーしたいと思う。

②毎日早く帰って子育てをしたいので、同じ結果を出すのにどうすれば時間短縮できるかということを考え、今まで以上に時間効率を意識して働くようになった。

　いかがでしょうか。仕事に注力しなくなるどころか、逆に**効率的に働くことへのモチベーションが高まっています**。これは会社側にとっても大きなメリットでしょう。男性育休をきっかけに思い切って働き方改革を進めるかどうか、経営者や管理職の覚悟が問われています。

 ピンチはチャンス！

　あなたは「**ピンチはチャンス**」という言葉を知っていますか？その意味するところは、「危機的な状況に対して形勢を逆転す

る絶好の機会ととらえ、それを乗り越えることでさらに高みを目指す」ということです。部下の男性社員から「できれば1年間の育休を取りたいんですけど」と相談された管理職は、まさにピンチですよね。これが5日間の育休であれば夏休み期間と変わらないので、ちょっとした引き継ぎで乗り越えられます。しかし育休期間が1か月以上となると、その間の業務をどう回すかについて、部門内で真剣に考えなければなりません。まさにピンチですが、実はそれが職場の業務を見直す良い機会（チャンス）になります。男性育休に積極的な企業の管理職からは、対応が大変だったが結果的に業務効率化につながったという話をよく聞きます。本人の業務引き継ぎの際に業務の棚卸しや見える化を行うことで、「本当に必要な業務」が分かります。また、業務マニュアルや手順書などの作成により、業務の属人化を解消することができます。このような業務改善を職場全体で行うことで業務効率化につながり、以前よりも働きやすい職場に変わります。

▶育休への組織対応

　それでは、長期間の育休取得希望があった場合、上司はどのような流れで対応していけば良いのかをご説明します。まず、部下の妻の出産予定が分かったら**「おめでとう！」**です。そして**「育休はいつ取るの？」「どのくらいの期間、取るの？」**と、育休取得についての意向を確認します。改正育児・介護休業法では、個別の周知・意向確認が義務付けられています。その際、昭和時代の感覚で「まさか育休を取るつもりか？」「男が育休

を取ったって意味ないだろ」「育休を取ったら出世できないぞ」などと言うと、それはパタハラ（パタニティハラスメント）になりますので、念のため。

【育休への組織対応】

育休相談⇒ 本人と部下の業務内容を洗い出す

業務の見直し、効率化を行う

各業務の担当者を決める

必要に応じて業務分担を調整

復職後 組織内の業務分担を見直す

組織全体がパワーアップ！

さて、長期間の育休取得を希望された上司は、まず本人だけでなく職場全員の業務内容を洗い出します。各人で何でも思いつく限りリストアップしてもらいます。そしてそれをもとに、業務の見直しや効率化などの業務改善を進めます。進め方はカエル会議など、本書の第3章と第4章をご参照ください。業務改善を行わずに、そのまま本人が担当していた業務を他の社員に振り分けたり、補充要員を手配して引き継がせたりするケー

スを見受けますが、それではせっかくのピンチがチャンスになりません。必ず業務改善活動を行った上で各業務担当者を決めるのが、チャンスにするポイントです。そして育休取得予定者が担当していた業務は、可能な範囲で分散させてなるべく後輩に担当させて、引き継ぎを行います。業務改善を行った後でも、後輩は一時的に少し負担が重くなりますが、徐々に慣れてくればスキルアップにつながります。対象者が育休に入ったら一旦決めた業務分担で業務遂行しますが、管理職は部下の様子をよく見ながら、どこかに無理があると感じたら必要に応じて業務分担を一部変更します。

　育休期間が終わって本人が復職するころには、その職場はその社員なしで業務が回る状態になっています。そこに1人増員されるわけですから、チームとしては大幅にパワーアップします。しかも実務から離れていても、子育てで幅広いビジネススキルが磨かれていますので、実務に慣れてくればより高度な業務や新しい業務を担当することができます。それが、そのチームのチャンスになるということです。

▶1人減ったチームの例

　私はサラリーマン時代に、営業部門で育休対応よりも厳しい経験をしました。会社の業績が悪化し、人件費削減のために部門から1名異動で転出することになりました。その後任はおらず1名減員のまま、その部門の売上目標は減らされませんでした。育休であれば長期間であっても復職しますが、そのときは単純に1名減らされて今まで以上の成果を出せというのが会社

方針だったのです。部内のメンバーは「そんなの無理だよ」「どうすればいいんだよ」とブーブー言いましたが、方針には従うしかありません。そのようなピンチの状況に対してどうしたと思いますか？　もともと全員の業務が多かったのを理解している部長は、よく考えてから全員に対して「みんなが大変な状況であることは理解している。そこで、やめてもよさそうな業務、なくせそうなことなど、思いつくものを全部書き出せ」と指示したのです。職場の仕事を少しでも減らしたいので、全員が必死に考えて書き出しました。そしてそれをもとに、管理職が担当者にヒアリングをしながら廃止や統合など、業務のスリム化に取り組みました。その後に各担当業務が決められましたが、それでも1名純減したのでみんなの負担は少し増えました。そのうち徐々に部門業務が順調に回せるようになり、売上目標も無事にクリアすることができました。そのときは全員が「頑張ってやれば何とかなるもんだね」と喜び、団結力も高まった気がしました。振り返って考えると、このときにうまく行った理由は、やはり実務者を主体にしてボトムアップ型で進めたことでした。この厳しい経験に比べれば、復職する見通しがある男性育休への対応は、組織を強くするためにやりがいがあるのではないでしょうか。ぜひ男性育休への積極的な取り組みを全社的に始めてピンチをチャンスに変え、組織をパワーアップしましょう。

　とは言え、経営者や管理職が子育て経験のない昭和世代の男性ばかりという企業では、男性育休に対する有効な施策を具体的に考えられるはずがありません。男女を問わず育休取得経験

のある社員を推進責任者として、権限委譲すると良いでしょう。そして育休対象者の本音を見える化して施策作りに反映すると、会社にとっても対象者本人にとってもメリットのある施策が立案できます。そのような推進体制から検討し、他社より少しでも早く具体的に取り組み、人材確保につなげていただきたいと思います。

おわりに

　最後までお読みいただき、ありがとうございました。貴社の働き方改革を進めるためのヒントが何か見つかりましたでしょうか。決して本書でご説明した通りにすべて行う必要がある、というわけではありません。成功する働き方改革は、その企業の風土や体制などによって進め方も実施内容も異なっており、実際には百社百様です。本書を進め方の参考にしながら、あくまでも現場主体のボトムアップ型で進めていただくことが成功の鍵です。

　また、第5章で男性育休について述べたのは最近話題になっているからであり、特別なものだからではありません。男性育休や女性活躍は、多様な働き方を進める1つのきっかけに過ぎません。これからは多くの人が時間制約社員になるので、いかに効率的に働くことができるか、そしていかに柔軟で多様な働き方ができるか、それが人材確保のポイントになります。

　最後に、私が認定上級コンサルタントとしてご指導を賜っている、㈱ワーク・ライフバランスの小室淑恵社長に深く感謝申し上げます。本書の中でも、ご教示いただいた多くの知見を紹介させていただきました。また、私が賛助会員として活動する中で豊富な情報をいただいている、ＮＰＯ法人ファザーリング・ジャパンの安藤哲也代表をはじめ理事の皆様にも感謝申し上げます。イクボスや子育て支援に関する最新情

報は、非常に貴重なものになっています。そして本書の出版にあたって、㈱労働新聞社の伊藤正和様、小倉啓示様には編集段階から大変お世話になり、ありがとうございました。末筆になりますが、この本を最後までお読みいただいたあなたに深謝いたします。本当にありがとうございました。

以　上

著者プロフィール

ビジネスコンサルタント

中倉　誠二（なかくら　せいじ）

東北大学卒業。大手ＩＴ企業に勤務しながら、家庭では父親として双子を東大生に育て上げた。会社の仕事と双子の子育てを両立させるため、仕事の効率的な進め方を徹底的に考えて業務改善を推進し、職場全体の大幅な業務効率化を実現した。その後ビジネスコンサルタントとして独立し、働き方改革、業務改善、イクボス推進などの研修やコンサルティング活動を行っている。

＜資格＞中小企業診断士、㈱ワーク・ライフバランス認定上級コンサルタント、NPO法人ファザーリング・ジャパン賛助会員、販売士１級、ビジネス文書検定１級、秘書検定準１級

＜著書＞『子育てでビジネススキルがアップする！』（クロスメディア・パブリッシング）

『双子を東大に入れた父が教える、頭のいい子の育て方』（ビジネス教育出版社）

＜ホームページ＞ https://nakabiz.jp/

離職防止に向けた働き方改革の実践ガイド

2023 年　9 月 25 日　初版

著　　　者　　中倉　誠二

発 行 所　　株式会社労働新聞社
　　　　　　　〒 173-0022　東京都板橋区仲町 29-9
　　　　　　　TEL：03-5926-6888（出版）　03-3956-3151（代表）
　　　　　　　FAX：03-5926-3180（出版）　03-3956-1611（代表）
　　　　　　　https://www.rodo.co.jp　　　　pub@rodo.co.jp
表　　　紙　　オムロプリント株式会社
印　　　刷　　モリモト印刷株式会社

ISBN 978-4-89761-941-5